永恒的经典

诙谐机智的1000条常用俗语

刘晓树 ◎ 编著

天津出版传媒集团
天津科学技术出版社

图书在版编目（CIP）数据

诙谐机智的1000条常用俗语 / 刘晓树编著 . -- 天津：天津科学技术出版社，2008.12（2024.5重印）

（永恒的经典）

ISBN 978-7-5308-4952-1

Ⅰ.①诙… Ⅱ.①刘… Ⅲ.①汉语 – 俗语 – 汇编 Ⅳ.① H136.4

中国版本图书馆CIP数据核字（2008）第212639号

诙谐机智的1000条常用俗语

HUIXIEJIZHI DE 1000TIAO CHANGYONG SUYU

责任编辑：王　璐

责任印制：刘　彤

出　　版：	天津出版传媒集团 天津科学技术出版社
地　　址：	天津市西康路35号
邮　　编：	300051
电　　话：	（022）23332399
网　　址：	www.tjkjcbs.com.cn
发　　行：	新华书店经销
印　　刷：	三河市同力彩印有限公司

开本 710×1000　1/16　印张 12　字数 200 000

2024年5月第1版第5次印刷

定价：49.00元

前言

俗语,也称俗话。它是人们在日常生活中口头流传的一种通俗语言,是劳动人民智慧的结晶,是人类经验的高度概括,具有浓郁的生活气息,幽默风趣,耐人寻味。它将千百年来百姓生活中的诸多经验、教训总结出来,言简意赅,寓意深刻,比喻形象,鲜明生动,从而给人以正告与劝诫,使人有所感悟和省察。俗语有着悠久的历史,又具有鲜活的生命力。它涉及人类社会的各个领域,是认识人生与求索世界的一部百科全书。俗语最大的特点是通俗性、适应性和地域性。它去雅取俗,口传心授,流传极广,具有一定的教育意义和很强的语言表现力。

本书收录了一千条广为流传、经久不衰,人们耳熟能详的俗语,予以分类编排,供广大读者学习、借鉴、使用。本书分类明确,选取恰当,内容丰富,查阅方便,既能让人感受到谚语俗语的文化魅力,又能增强口头表达能力。对于提高写作能力和写作速度,具有较大的作用。

目 录

A

ai	矮	3
an	岸	3

B

ba	八	4
bai	白	6
ban	绊	7
bao	饱	9
bang	绑	10
bei	被	11
ben	笨	11
bi	逼	11
bian	鞭	13
bie	别	13
bing	冰	13
bo	脖	15
bu	不	15

C

cai	才	27
can	参	27
cang	苍	27
cao	槽	28
cha	茶	28
chai	拆	28
chang	常	29
chao	朝	30
che	车	31
chen	陈	31
cheng	撑	31
chi	吃	33
chou	愁	27
chu	出	37
chuan	穿	39
chuang	窗	39
chui	吹	40
ci	此	40
cong	聪	40
cuo	错	41

D

da	大	42
dan	胆	51
dai	逮	51
dang	当	51
dao	刀	53
de	得	55
deng	灯	55
di	低	56
dian	点	56
diao	吊	56
die	爹	56
ding	丁	57
diu	丢	57
dong	东	57
dou	斗	58
du	镀	58
duan	端	58
dui	对	59
duo	多	59

E

e	恶	61
er	儿	61

F

fa	发	64
fan	翻	64
fang	方	64
fei	飞	66
fen	粉	67
feng	风	68
fo	佛	69
fu	扶	69

G

gai	该	70
gan	干	70
gang	刚	71
gao	高	72
ge	胳	72
gei	给	74
gen	跟	74
gong	功	75
gou	狗	76
gu	顾	78
gua	挂	78
guan	关	79
guang	光	80
gui	闺	81
guo	锅	82

H

ha	蛤	83	jie	揭	108
hai	海	83	jin	今	108
han	汗	83	jing	经	109
hang	行	83	jiu	久	110
hao	好	84	ju	锯	111
he	喝	89	jun	君	112
hei	黑	91			
hen	恨	91			
heng	横	92		**K**	
hong	红	92			
hou	喉	92	kai	开	113
hu	壶	93	kan	砍	113
hua	花	95	kao	靠	114
huan	换	96	ke	刻	114
huang	黄	96	kong	空	115
hui	会	97	kou	口	115
hun	浑	98	ku	哭	115
huo	活	98	kuai	快	116

J

				L	
ji	积	100	la	拉	117
jia	家	101	lai	来	117
jian	捡	104	lan	烂	118
jiang	姜	105	lang	狼	118
jiao	交	106	lao	老	119
			lei	累	123
			leng	冷	123
			li	篱	123
			lian	脸	123

liang	良	124	niao	鸟	136
lin	林	124	nian	念	137
liu	留	125	ning	宁	137
lou	漏	125	niu	牛	138
lu	路	125	nu	女	139
luo	罗	125			
lu	驴	126			
luo	萝	126			

O

ou	藕		140

M

ma	麻	127
mai	买	128
mang	盲	129
mao	猫	129
men	门	130
mei	每	131
ming	名	133
miao	庙	134
mo	磨	134
mou	谋	134

P

pa	爬	141
pang	旁	141
peng	朋	141
pao	跑	141
pei	赔	141
peng	碰	142
pi	皮	142
pian	便	142
ping	瓶	142
po	破	143

N

na	拿	135
nan	男	135
nao	脑	136
neng	能	136
ni	你	136

Q

qi	七	144
qian	千	145
qiang	枪	148
qiao	巧	149

qin	亲……150	tian	天……164	
qing	清……150			
qiu	求……151	**W**		
qong	穷……151			
quang	泉……151	wa	瓦……167	
		wai	歪……167	
R		wan	碗……167	
		wang	王……168	
ran	染……152	wei	喂……168	
rang	让……152	wu	乌……169	
re	惹……152			
ren	人……152	**X**		
		xi	稀……170	
S		xia	瞎……170	
san	三……159	xian	先……171	
sha	杀……160	xiang	香……171	
shan	山……161	xiao	小……172	
shang	伤……162	xie	鞋……173	
shao	上……162	xin	新……173	
T		**Y**		
ta	他……163	ya	哑……174	
tai	太……163	yan	盐……174	
tan	贪……163	yang	羊……176	
tang	唐……164	yao	摇……176	
tao	逃……164	ye	夜……177	
ti	踢……164	yi	一……177	

Z

zai	宰……………181	zei	贼……………182
zao	早……………182	zhan	站……………182
		zhang	张……………182
		zhao	照……………182

诙谐机智的1000条常用俗语

Huixiejizhi de 1000 tiao changyong suyu

A

矮子面前不讲短话

矮子：指有短处或在某方面有生理缺陷的人。短话：指可能触及在场人痛处的言辞。指在有生理缺陷的人面前，不要说人家的痛处。引申为当面说话，不要涉及人家的短处。

矮子爬楼梯——步步登高

个子矮的人想高一些，就靠爬梯子，爬一步高一步，这就是"步步登高"。用来比喻人的官职、地位等由低到高步步提升；也比喻人的生活越来越好或成绩不断提高等。

矮凳子绊倒人

凳子矮小不被注意，以致绊倒人。比喻小的纰漏也不可忽视。

矮檐之下出头难

比喻受到环境的局限，难以施展才能。也比喻受人控制，难以有出头的日子。

挨着大树有柴烧

借指条件有利。也作：挨着大树不缺柴。

挨着大树不长苗

树大叶多，自然遮住了阳光，不利于下面的小苗生长。借指所处的环境不利于自己的发展。

挨着勤的没懒的

指跟着勤快的人，自己也会容易养成勤快的习惯。引申为和好人在一起，自己也会有进步。

挨了打还当被告

意指受到极不公正的对待。

爱叫的麻雀不长肉

比喻喜欢夸耀自己的人，水平一般不会高。

岸上不刮风，河里不起浪

指事情的发生总是有原因的。

岸上的鱼，跳多高摔多重

比喻热衷名利的人，地位越高，到后来的状况也就会越惨。

按倒鸭婆不生蛋

鸭婆指的是母鸭子，意思是即使强把鸭婆按倒，它也不会生鸭蛋的。比喻以强迫的手段达不到目的，反而事与愿违。

按下葫芦起了瓢

瓢：又叫葫芦瓢。舀水或提取米面的盛器，一般是用对半剖开的葫芦制成。葫芦和瓢均轻于水，置水中浮于水面，用手按下去，一抬手便又浮了起来。比喻一事未了，一事又起；一事才了，又生一事。

八竿子打不着

比喻关系很疏远或相互之间根本没有关系。

八抬大轿请不去

八抬大轿指的是隆重的接待或给很高的待遇。"八抬大轿请不去"表示态度很坚决,给再多的好处也不会去。

八字没一撇

"八"字形似两扇门,八字没一撇,原指没门儿,现在演变为没办法,没眉目,没头绪,不沾边的代词了。也指目前还没有准备好或还不具备条件。

八杠子打不出个屁来

比喻一句话都说不出来,或者一点反应都没有。引申为为人处事很窝囊。

八仙过海,各显其能

八仙:道教传说中的八位神仙。指的是钟离汉、张果老、吕洞宾、铁拐李、何仙姑、蓝采和、韩湘子和曹国舅八人。这里比喻做事各有各的一套办法。也比喻各自拿出本领互相比赛。

拔根汗毛比腰粗

以前形容人有钱有势，现多指有威望，说话管用。

疤拉眼照镜子，自找难看

意思是把自己置于了尴尬的地步。

巴掌再大，也捂不过天去

比喻邪恶势力再大，也斗不过正义的力量。也指双方的力量悬殊。

扒开篱笆让狗钻

比喻帮坏人做坏事。也比喻自找麻烦。

拔出萝卜，带出泥来

意指事情做得不圆满，以至于带来了其他的麻烦。

拔了毛的凤凰不如鸡

凤凰一旦失去引以为豪的羽毛，还不如普通的一只鸡。一般形容人失去了权势或地位。

拔一颗钉子倒一堵墙

钉子拔出来没有太大的用处,反而损坏了墙,比喻为了一点小的利益,反而引起更大的损失。

把别人的棺材抬到自家哭

比喻去做一些对自己没利益的事情,没事自找烦恼。

白布掉到染缸里,洗不清了

借指受到的冤屈很难解释清楚。

白菜熬豆腐,谁也不沾谁的油水

白菜和豆腐都没有什么油水,意指谁也不占谁的便宜。

白吃包子嫌面黑

讽刺有些人占了便宜还不满足,有"得了便宜卖乖"的意思。

白糖嘴巴砒霜心

比喻表面甜言蜜语,实际上却心狠手辣。

白酒红人面,黄金黑人心

意思是喝酒容易引起争吵,金钱容易使人心变坏。

百日打柴一日烧

指为一时之需做长期准备。

百足之虫，死而不僵

比喻有强大的势力，即使受到挫折一时也不会垮掉。

摆渡摆到江边，造塔造到塔尖

比喻做事要做彻底，不能半途而废。

拜师不如访友，访友不如经手

意思是学习要与实践相结合。

拜来的爹娘不会亲，求来的雨点不会大

指乞求来的东西不会是好东西。

绊人的桩不一定高，咬人的狗不一定叫

指危险往往来自于平时不太注意或者大意的人或物。

搬家丢了老婆

指做事忘记了根本，没有做到点子上。

搬起石头砸了自己的脚

比喻做事不自量力,到最后反而伤害到了自己。

搬起石头砸天

比喻一个人妄自尊大,痴心妄想。

板凳还没有捂热

形容停留的时间很短。

半边人脸,半边鬼脸

形容人容易变脸或形容为人当面一套背后一套。

路上添了个婆婆

意思是突然出现个管自己或干涉自己的人。

半路杀出个程咬金

借指事情受到挫折或遇到横加干涉的人。

办酒容易请客难

办酒借指工资或待遇。意思是指好人才难以得到或不容易招聘。

半斤对八两

旧制一斤等于十六两,半斤即八两。意思是彼此差不多。

半世人好做,半肚饭难吃

指主人对客人不热情,是客人最难以忍受的。

半文不舍,一毛不拔

用来形容一个人的吝啬和刻薄。

饱汉子不知饿汉子饥

意思是指只顾自己的感受,体会不到别人的困难。比喻不能设身处地为有困难的人去着想。

包子有肉不在褶上

意思是好东西在外表未必一定表现出来,也指技不外露的人。

饱带干粮热带衣

意思是情况好或顺利的时候要想到后面的困难,提前做好准备。

饱给一斗,不如饿给一口

人在饱的时候即使给他一斗粮食也都是多余的,意思是要在别人需要的时候去帮助他。

抱过窝的鸡蛋，外面没变里面变了

意思是指人或事物外表没有变化，可内在的东西已经变了。

抱着琵琶进磨坊，对牛弹琴

指说话或做事不看对象，是得不到什么结果的。

抱着一颗猪头，不信还找不到庙门

借指只要具备条件，事情是很容易办到的。

抱着金元宝跳井，舍命不舍财

意思是把钱看得比生命还重要，也指不知道事情的轻重缓急。

抱来的孩子不怕摔

抱来的孩子，指养子。比喻不关心与自己没有密切相关利益的事情。

绑鸡的绳子，捆不住大象

比喻用治服弱者的方法治服不了强者。

棒槌上天，总有一头落地

棒槌，捶打衣服用的木棍。比喻不管怎么样，事情总会有一个结果。

被人卖了还帮着数钱

指受到别人愚弄的人,也有讽刺别人笨的意思。

被窝里放屁——独吞

本句常用来挖苦喜爱独占便宜的人。

背着抱着一般沉

指无论怎么做,结局都差不多。

背地求人,当面显阔

意为背后求人帮助,当面却提出一副有能耐的样子,强装好汉。

背靠大树好乘凉

指如果有依靠,就好办事。

笨鸟儿先飞

比喻能力差的人做事,会比别人多费力气,所以需要先走一步。

逼着公鸡下蛋

比喻要求苛刻,强人所难。

逼着哑巴说话

一般指做事欺人太甚,以至于引起公愤。

比大姑娘上轿还难

借指很难请或很难指使动的人。

比上不足,比下有余

好的比不了,比差的还强一些,表示中等,不好不坏,也有自甘满足的意思。

比死人多口气

用来形容无能或没有用的人。

比找白翅膀的乌鸦还难

乌鸦一般都是黑色的,这里用来形容东西不容易找或很难找。

闭门家中坐,祸从天上来

意思是无缘无故就突然遇到意外的不幸。

鼻子总在嘴底下

比喻相互之间的差别没法改变。

鞭炮店失火，恭维自己

鞭炮店失火意味着鞭炮点着了，常用来讽刺那些自己吹嘘自己的人。

鞭子打的是快牛

借指赏罚不明，有能力肯干的人常常吃亏。

编筐编篓，重在收口

比喻做事要有始有终，要有个圆满的结果。

别拿土地爷不当神仙

土地爷虽小也是个神仙，意思是不要瞧不起别人。

别人牵驴你拔橛子

指别人做了坏事你却来承担后果。

别人的肉贴不到自己的身上

指别人的东西不会变成自己的。也指不能指望得到别人的帮助。

冰冻三尺，非一日之寒

比喻成功得来的不容易。也指事情的变化不是偶然的。

兵熊熊一个，将熊熊一窝

熊：无能的意思。意思是做领导的没有能力会连累到全体。

兵败如山倒

形容打了败仗后士兵败退一发不可收拾。意为大势已去。

兵来将挡，水来土掩

意思是遇到事情总有办法来应付。

饼再大，也大不过烙饼的锅

比喻凡事都有一定的限度，不会太离谱。

病从口入，祸从口出

意思是吃了不干净的东西会得病，说话不注意就会给自己招来祸患。

病急乱投医

指事情紧急，不经慎重考虑而到处寻找解决的办法。

病好了打太医

比喻恩将仇报，将对自己有恩的人当作仇人，也有对自己有恩的人不去感激反而怪罪的意思。

病好了郎中也到了

意思是需要的时候没来，不需要的时候倒来了。

病来如奔马，病去如步行

意思是病来得突然，治疗却需要很长的时间，经常用于安慰病人。

脖子再长，也高不过脑袋

意思是绝对的地位是改变不了的。

不打鱼不知结网难，不吃糠不知稻米香

比喻不经过实践，就不会知道做事的艰辛。

不吃黄连，不知啥叫苦

意思是没有经历过不幸的事就体会不到其中的痛苦。

不吃羊肉，空惹一身臊

比喻不仅没有得到好处，反倒招来一些麻烦。

不打勤的，不打懒的，专打不长眼的

意思是做事要机灵，不机灵的人往往会倒霉。

不打无把握之仗

泛指做事情之前要考虑准备周全。

不到船翻不跳河

意思是不到万不得已不会去冒险的。

不到黄河心不死

比喻做一件事情决心大,非做到底不可,也有固执,不碰得头破血流不会回心转意的意思。

不管三七二十一

不顾一切,不问是非情由。

不见棺材不落泪

比喻不到最后紧急关头绝不服输或悔悟。

不见真佛不烧香

意思是求人办事要认准了人。

不费灯草也费油

意思是无论怎么算计总要有损耗、花费的,省不下来。

不到火候不揭锅

如果揭锅早的话，饭就会夹生，揭锅晚，饭就会糊，意思是做事情要把握适当的机会。

不跌跤不知道地滑

比喻不经过挫折，就不会懂得办事要谨慎。

不恨绳短，只恨井深

绳短了可以加长，井深却难以缩短。比喻不知道变通，想不出克服困难的办法来。

不会撑船赖河弯

赖，责怪。指自己没有能力，却埋怨客观条件不好。

不经霜冻，不知道寒冷

指事出有因。也指缺乏长远的打算，只顾眼前。

不摸锅底，不怕别人说手黑

摸锅底手就会黑，比喻不做亏心事，就不怕别人的议论。

不入虎穴，焉得虎子

比喻不冒风险，不付出代价，就无法获得自己所需要的。

不撒大网，打不到大鱼

比喻不付出艰辛的劳动或巨大的代价，就得不到丰硕的成果。

不受磨炼不成佛

比喻不在艰难困苦的环境中锻炼，就不能成为有用的人才。

不会念经，就别当和尚

意思是没有真本事就不要去逞能。

不会烧香得罪神，不会说话得罪人

指不会说话就容易把事情办糟糕。

不见兔子不撒鹰

意思是做事情要抓住时机，认准目标。

不分青红皂白

指不去问清事情的来龙去脉就贸然下结论。

不够塞牙缝的

形容东西非常的少。

不进山门不受戒

指在特定的场合才能做特定的事情。

不经一事,不长一智

意思是只有经过历练,才能增长自己的智慧。

不看僧面看佛面

意思是不论看在哪方面也应该照顾一下。

不可同日而语

意思是随着时间的变化,某些事情或物品也会发生变化。

不拉屎占茅坑

指占着位置不做事。

不怕不识货,就怕货比货

意思是物品只有比较,才能分出好坏来。

不怕慢,就怕站

意思是即使慢,起码还在前进,只要前进就有希望。

不怕没好事,就怕没好人

意思是有很多事情往往就败在坏人方面。

不怕人不敬,就怕己不正

意思是自身做得正,自然别人会敬重自己。

不怕一万,就怕万一

偶然发生的事情往往决定着计划的成败。

不怕贼偷,就怕贼惦记

知道贼要偷还可以防范,怕的是贼打定主意,而自己却不知道贼什么时候下手。

不是冤家不聚头

意思是往往仇敌更容易碰到一起,含有"冤家路窄"的意思。

不是省油的灯

意思是指某个人很不好对付。

不是鱼死,就是网破

意思是双方肯定要有一方为此付出代价。

不是恶狗不挡道

比喻只有恶人才做害人的事情。

不是一家人，不进一家门

指双方的性格、脾气都很投缘。

不使出霹雳手段，显不出菩萨心肠

意思是只有严厉的惩罚才能体现出平日的平和态度。

不受磨难不成佛

指好事往往只有经历过磨难才能成功。

不死也扒层皮

形容受到的损害很大。

不知天高地厚

形容自大、狂妄，不知其中的深浅。

不撞南墙不回头

意思是指只有进行不下去了，才知道回头。

不吃黄连，不知道味苦

比喻只有亲身经历过，才知道其中的艰辛。

不吃苦中苦，哪有甜中甜

意思是好事往往多磨。

不当和尚，不知道头冷

意思是只有身临其境，才能有切实的体会。

不当家，不知道柴米贵；不养儿，不知道父母恩

意思是只有身临其境，才知道其中的艰辛。

不犯王法不怕官

意思是如果自己没犯错误，就无所畏惧。

不干不净，吃了没病

指只要心里不去在意，就不用担心出现什么问题。多用于自我安慰。

不经冬寒，不知道春暖

意思是指不经历艰难困苦，就体会不到成功带来的幸福。

不磨不炼，不成好汉

意思是说好汉都是经过艰苦的磨炼产生的。

不怕百事不利，就怕灰心丧气

意思是说只要有恒心，即使事情再不顺利，也终会成功的。

不怕不卖钱，就怕货不全

意指只要东西全了，自然就会有顾客上门的。

不怕事情难，就怕不耐烦

意思是做事要有长性。

不怕天寒地冻，就怕手脚不动

手脚不动：形容人懒。意思是不怕外界条件困难，就怕不去做。

不怕吃饭拣大碗，就怕干活爱偷懒

意指不怕对方要求的报酬高，就怕对方不努力工作。

不怕黑李逵，就怕笑刘备

比喻不怕敌人凶狠，只怕敌人玩弄两面手法。

不怕虎生双翼，就怕人生二心

比喻只要齐心协力，再大的困难也能克服。

不怕见面催，就怕腚后跟

意思是说见面催还好应付，一直跟在身后催很麻烦。

不怕路长，只怕志短

比喻只要坚持不懈，再大的困难也能克服。

不怕怒目金刚，只怕眯眼菩萨

意思是不怕对方发脾气，怕的是不知道对方内心的真实所想。

不怕人穷，就怕志短

意思是说人穷还可以转变，如果没有了志气，那将是很可怕的。

不怕少年苦，只怕老来穷

少年时期生活再苦，毕竟还有改变的机会，到老了就只能认命了。

不怕学不成，就怕心不诚

意指只要心诚，就没有学不会的技艺。

不怕夜猫子叫，就怕夜猫子笑

夜猫子：猫头鹰。比喻不怕对方厉害，只怕对方表里不一。

不挑担子不知重，不走长路不知远

指不做事，就不了解其中困难的程度。

不听老人言，吃亏在眼前

指不虚心地去向内行人学习，早晚会有吃亏的那一天。

不管有钱没钱，剃个光头过年

指事情已经这样了，只能走一步算一步了。

不要把鸡蛋放进一个篮子

告诫人们进行经济活动等时不要孤注一掷，要多留几条后路。

不指着这窝鸡下蛋

意指根本就没有把希望放在这上面。

不知道哪头炕热

比喻分不出究竟哪方对自己有利。

不做他人官,不受他人管

指无官一身轻,落得个清闲自在。

不做贼心不虚,不吃鱼嘴不腥

比喻只要自身做事光明正大,就不怕别人背后议论。

布袋里装不住锥子

比喻有本事的人总会显露出才华的。

C

才被雷打，又遭火烧

指遭遇的灾难一个接着一个。

才躲开阎王，又遇到小鬼

比喻刚摆脱一个坏人，又碰上另一个坏人。

踩着桥的影子过不了河

比喻办事必须靠具体实际的努力。

菜刀再利，削不到自己的柄

比喻再能干的人也有办不到的事情，也需要别人的帮助。

参谋的嘴，副官的腿

指参谋的职责是出谋划策，副官的职责是办理具体的事情，各有各自的长处。

苍蝇不叮没缝的蛋

苍蝇好腥，蛋如果没缝隙苍蝇也没处下口。比喻正因为自己有短处，才会受人以把柄，在做事前先检查自身问题，尽量做到各方面周全，才不会被人钻空隙。

槽上没马驴当差

比喻没有能力强的，只能用能力稍差一些的了。

草若无心不发芽，人若无心不发达

参天大树从种子开始，草想成长也要有心，人想成功也要有心去思考。比喻思维决定以后的道路。

茶壶打了，就落个嘴

讽刺一些人只会说，不会做。

茶壶里煮饺子，有货倒不出

在茶壶里面煮饺子，饺子个大无法从壶嘴倒出来。比喻人有学问，但不善于表达。

搽粉进棺材，死要面子

借指爱装门面，爱虚荣。

拆东墙，补西墙

西墙虽补好，可东墙已经拆了，并没有砌好墙壁。表示徒劳的临时应付。

拆了别人一间屋，只得一条梁

梁，指房屋的大梁。这是借指损人不利己。

常骂不惊，常打不怕

指一旦习惯了某些恶劣的处境，也就无所谓了。

常说口里顺，常做手不笨

意思是说熟能生巧。

常在河边站，哪有不湿鞋

比喻在不好的环境中，难免受到坏的影响。

长叹不如慢磨

指遇到困难的工作，与其叹气，不如慢慢地去做。

长绳短绳都是绳

比喻人有差别，但本质是相同的，要同样去对待和使用。

长添灯草满添油

指平时就要做好充分的准备，以防不时之需。

唱戏的不瞒敲锣的

指对与自己合作的人不隐瞒真相。

唱戏哭娘,假泪两行

比喻装腔作势,不是发自内心的表现。

朝里无粮千兵散

朝,指朝廷。意思是做事情要具备必要的条件。

朝中有人好做官

意指想得到推荐、提拔以及庇护需要有后台或者靠山。

朝廷还有三门穷亲戚

意思是谁都有穷困的亲朋好友。

炒虾等不得红

虾炒熟后会变红,借指做事心太急。

炒豆众人吃,炸锅一人事

指得利的是大家,遭殃的是自己。

炒下豆子自己吃，打破砂锅让人赔

指享受或成绩归自己，惹出麻烦来却要让别人承担。

车到山前必有路

比喻事到临头，总有解决的办法。

扯了龙袍也是死，打死太子也是死

指结果都是一样的，不要有什么顾虑，只管去做。

扯动西瓜带动藤

比喻双方关系密切，相互牵连。

陈芝麻烂谷子

比喻事情已经过去很久了，对于目前没有什么价值。

撑死胆大的，饿死胆小的

比喻凡事要敢于去做，才会有所收获。

成大事不记小仇

意思是要想做成大事，就不要去计较一些小事。

成事不足,败事有余

指没有能力去办好事情,却只会添麻烦。

成者王侯败者贼

原指封建社会中争夺政权的情况,现在泛指以成败来论人。

城砖打在脸上,还说是请帖到

意思是对他人对自己的污辱没有察觉,反倒觉得光荣,讽刺无知幼稚的人。

城隍拜土地,小神受不起

城隍,传说中主管某个城的神;土地,传说中管一个小地方的神。意为城隍向土地行礼,土地担当不起。比喻地位低的人应有自知之明。

秤杆离不开秤砣

秤杆离开秤砣就没有作用了。比喻只能在一起,谁也离不开谁。

秤有头高头低

头高头低:一头高,一头低。比喻难以做到绝对的公正,难免会有偏差。

秤砣虽小压千斤

秤砣看来一小块却能压住千斤之重。比喻外表虽不引人注目,实际上却很起作用。

吃饱了撑的

指没事闲的，去做一些无意义的事情或去管闲事。

吃饱了混天黑

指胸无大志，什么事情也不做，常用来讽刺没有出息的人。

吃别人嚼过的馍没味道

馍：北方的一种面做的食品。意思是不能总跟在别人后面依样画葫芦，没有创新精神。

吃不了兜着走

比喻某人的行为造成了很严重的后果。

吃豆腐报肉账

比喻夸大事实。也比喻虚报成绩。

吃饭想撑死，干活怕累死

撑，充满到容不下的程度。形容好吃懒做。

吃饭吃米,说话说理

指说话办事要讲道理。

吃时怕牙疼,送人怕心疼

形容一个人非常吝啬。

吃了对门谢隔壁

比喻人糊涂,弄错了对象。

吃了馒头,省下烧饼

比喻凡事总会有一得一失的。

吃力不讨好

讨:求得。费了好大力气,也得不到称赞。形容事情棘手难办,或工作方法笨拙,不对头。

吃了豹子胆

形容一个人的胆子大。

吃了迷魂药

常用来形容一个人的糊涂。

吃了枪药了

形容一个人的脾气大。

吃奶还得解开怀

比喻做事都有个程序,不能操之过急。

吃人不吐骨头

形容一个人或一些人凶恶残暴。

吃人饭,拉狗屎

比喻表面上像人。实际竟无人性。

吃人家的嘴短,拿人家的手软

比喻有短处在别人手里,只能为对方做事。

吃人家的谷子,还人家的米

指受到别人的恩惠,加倍报答。

吃人家饭,受人家管

比喻拿人家的薪水,就要听人家的安排。

吃一斗米的饭，操一斗米的心

指给多少好处，就给办多少的事情。

吃着碗里的，望着锅里的

比喻贪心不足。

吃盐的不知道盐价，吃米的不知道米价

指不过问家务。也指生活无忧无虑。

吃新米，讲陈话

指在新的情况下讲过时的话。

池浅养不了大鱼

指条件差，不能有大的作为。

迟来的和尚喝厚粥

指把别人的功劳占为己有。也指做得少，占得多。

翅膀硬了就要飞

形容等待机会成熟了就离开。

愁也屋漏，不愁屋也漏

指找不到克服困难的方法。也指发愁对事情没有帮助。

丑话说在前头

指事先把可能发生的不愉快的事情向对方讲清楚。

丑媳妇早晚也得见公婆

比喻不好的东西迟早要让人知道。

出多少汗，吃多少饭

指付出的劳动和报酬成正比。

出家人不说在家话

出家人：指僧尼或道士。意思是说话办事要注意自己的身份。

出笼的鸟儿难回，出口的话儿难收

指话一旦说出口，就很难再挽回。

出了山门打师傅

形容人忘恩负义，脸变得很快。

出门看天色，进门看眼色

指在不同的地方，要灵活地掌握自己的行为。

出水才见两腿泥

意为从水中走出来，才能看见两条腿上沾的泥。比喻到最后才能看清楚事情的结果。

出头的椽子先烂

椽：放在檩上驾着屋面板和瓦的木条。比喻出头或冒尖的人最先遭到讽刺和打击。

初生牛犊不怕虎

犊：小牛。刚生下来的小牛不怕老虎。比喻青年人思想上很少顾虑，敢作敢为，无所畏惧。

除了割头难，就数出钱难

形容一个人很吝啬。

除去一死无大难，人到要饭无再穷

指事情已经到极限不可能再坏了。

穿新鞋,走老路

指表面上改了,实际上还是老样子。

穿一条裤子

形容关系非常好。

船到江心补漏迟

船到江心才补漏洞。比喻补救不及时,对事情毫无帮助。

船到桥头自然直

比喻事情到最后,总会得到解决。

船家的孩子会浮水

船家:旧指靠驾驶自己的木船维持生活的人。意思是什么环境培养出什么样的人。

船上人向岸上人讨水喝

比喻自己的优势看不到或不去利用,反倒去求没有优势的人。

窗户纸一点就破

意指事情并不复杂,对方很容易就能明白。

创业容易守业难

指开创局面不难,难的是能否坚持下去。

吹什么风,落什么雨

比喻有什么原因就会有什么结果。

此处不留爷,自有留爷处

意指一个人只要有本事,总会有施展抱负的机会。

此一时,彼一时

指时过境迁,已不是当初的时候了。

刺多的草没人采

指麻烦、困难的事情没有人愿意去做。

聪明一世,糊涂一时

比喻聪明人也有失算的时候。

从刀尖上爬过来的

指从非常危险的地方逃生。

从小到大，皇帝管天下

借指合乎情理的事情。

从小离娘，到大话长

意指事情复杂，一下说不清楚。

错把茄子当辣椒

指连非常明显的事情都能给搞错了。

错把黄金当废铜

指不识有价值的东西。比喻不识人才。

D

大鱼吃不起，吃小鱼怕腥

比喻大事做不了，小事不肯做，眼界高，能力低。

搭上锅没米下

比喻办事不具备条件，白费工夫。

打不着狐狸惹身骚

狐狸狡猾不易捉，人倒容易被骚味所熏。谓不易成功，反易吃亏，不划算。

打不着野狼打家狗

比喻对付不了外人，把气出在自己人头上。

打不断的亲，骂不断的邻

谓自己人经常争吵没有关系，关系比较稳固，不是轻易就能分开的。

打不走的家狗，请不进的野猫

比喻自家人即使打骂也总是自家人，外人即使对待再好也总是外人。

打柴的不能跟放羊的走

指目的不同，各做各的事。

打柴的八个，做饭的九个

指干活的人少，吃饭的人多。

打柴问樵夫，驶船问艄公。

指对不明白的事情要问对了人。

打倒不如说倒

指要让对方心服口服。

打倒金刚赖到佛

意为打倒金刚，诬赖是佛干的。比喻干坏事后诬赖好人。

打个兔子喂鹰

比喻成果落到了别人的手里。

打掉门牙往肚里咽

比喻受到别人的欺负伤害，忍气吞声。

打老婆，正赶上丈母娘来

指不想遇上却偏偏遇上了想避免的事。

打酒只问提壶人

打酒：买酒。比喻要向内行人请教。

打了屁股想出了理

意为挨打后才想出自己不该挨打的理由。指反应慢，事情过后才明白过来。

打了一冬的柴，煮锅腊八粥

意指极大的浪费。

打怕的人是假的，敬怕的人是真的

意指用武力是不会让对方心服的，真正让对方心服的是尊敬对方。

打狗还得看主人

比喻惩治某人，要顾及他的主子或后台的脸面。

打虎不成反被虎伤

比喻没降服强敌，自己却受到了伤害。

打铁的要自己把钳，种地的要自己下田

比喻自己分内的工作还得自己亲自去做。

打退堂鼓

封建时代官员在大堂上处理事务，完毕后击鼓退堂。此处借指退出不干。

打酒向提瓶子的要钱

打酒：买酒。比喻要向内行人请教。也比喻要找对对象。

打开天窗说亮话

天窗：房顶上的窗户。指说话直截了当。

打了盆说盆，打了碗说碗

指就事论事，不要拉扯上别的事情；也指发生什么事就去解决什么事情。

打败的鹌鹑斗败的鸡

形容已经没有斗志了。

打空拳费力，说空话劳神。

意指没有必要的行为。

打破砂锅问到底

问：纹的谐音。喻为了弄清真相，彻底追问。

打蛇不死终是害

意为没有彻底打败对方，对方早晚会报复的。

打死狗讲价

价：这是指赔偿金。指既成事实后再提要求，对方只能接受。

打人不打脸，吃饭不夺碗

比喻不要伤害对方太深，要给自己留有余地。

打铁还需自身硬

指办事先要具备良好的条件。也比喻教育别人，自己先要做好榜样。

打瞎子，骂哑巴

意指专门欺负不如自己的弱者。

打一巴掌，给个甜枣

指先教训对方，再给对方一些好处。

打一巴掌揉三揉

指不是真心的教训对方。

打一针是疼,扎一刀子也是疼

形容不惜任何代价,也豁出去干。

打鱼不到早收网

比喻事情既然没有结果就赶快放弃。

打鱼的不离船边,打柴的不离山边

指不会离开适合自己的工作岗位。

打肿脸充胖子

形容维持虚假的场面,也指没有本事硬充好汉。

打着灯笼找不着

形容很难找到的好事或好人。

打着狐狸兔搬家

比喻惩罚一方,威胁到有关方面。

大白天说梦话

指不符合实际的想法。

大船也怕钉眼漏

比喻小的方面出问题，也会影响全局。

大船烂了还有三千个钉子

比喻破产的大户人家总还会有些家底。

大肚子不养孩子，尽背虚名了

形容名不副实。

大儿子死了没埋，小儿子埋了没死

形容做事没有章法。

大海也禁不住瓢儿舀

水再多，也禁不住逐渐失去。比喻再富有，也禁不起挥霍。

大路有草行人踩，心术不正旁人说

比喻总会有人消除不合理现象的。

大门不出，二门不迈

形容深居简出。

大树底下，草不沾霜

比喻仰仗有权有势的人，得到庇护。

大树底下无丰草

比喻一味地依靠别人，好日子是不会长久的。

大伙吃饭，一个人刷锅

比喻众人享受成果，一个人收拾残局。

大年初一逮兔子，有它过年，没它也过年

意指无关紧要的事或人。

大年初一没月亮，年年都一样

指长时间的没有变化已经习以为常了。

大年三十卖门神，不能再迟了

门神，过了年就卖不出去了。比喻时间的紧迫性。

大树底下好乘凉

比喻有所依托,事情就好办。

大水冲了龙王庙

比喻本是自己人,因不相识而相互发生了冲突争端。

大戏小戏一个唱法

比喻无论形式怎么变化,本质是一样的。

大眼瞪小眼

意为你看我,我看你。形容束手无策。

大鱼跑了捞虾米

比喻下属替上司代为受过。

大丈夫报仇,十年不晚

指有心报仇的人,时间不在长短。

大丈夫能屈能伸

指有志气有作为的男人,既能忍辱负重,又能大显身手。

胆大骑龙骑虎，胆小骑猫骑兔

比喻有胆量，就能办成大事。

胆小不得做将军

指想做大官，胆子就不能小了。

逮雀儿也得舍把米

比喻办再小的事情，也要付出一定的代价。

大夫门前病人多

指凡事都是有原因的。

当面鼓对面锣

比喻面对面的谈判或交换意见。

当局者迷，旁观者清

当局者：下棋的人；旁观者：看棋的人。当事人被碰到的事情搞糊涂了，旁观的人却看得很清楚。

当面是人，背后是鬼

形容玩弄两面的手法。

当家三年狗也嫌

形容家不好当，容易得罪人。

当家才知盐米贵，出门才晓路难行

意指只有亲身经历，才知道其中的艰辛。

当面银子对面钱

意指涉及钱财方面的事要当面说清。

当了衣服打酒喝

借指为了活着，不顾廉耻。

当一天和尚撞一天钟

指混日子。也指敷衍了事。

当着真人，别说假话

真人：指了解事情真相的人。意为当着明白人说假话也没有用。

挡住千人手，捂不住百人口

前一句衬托。谓不可能禁止人说话。

刀钝石上磨，人笨人前学

意指对于具体的事情要有具体的办法。

刀架脖子上

形容事情非常紧急。

刀快还要加钢，马壮还要料强

比喻人才的培养外界的因素也很重要。

刀伤易治，口伤难医

指外伤好治疗，内心的创伤不好治疗。

刀快不怕脖子粗

比喻力量大，不怕对方强硬；也比喻有勇气，不怕困难大。

刀切豆腐两面光

比喻双方都讨好，谁也不得罪。

刀子嘴，豆腐心

比喻说话强硬尖刻，心肠却仁厚和善。

刀枪药虽好，不破手为高

比喻出差错后改正固然好，但最好是不出差错。

到什么庙烧什么香

比喻要按照具体的情况办事。

到什么山上唱什么歌

指要按实际情况办事。

到手的肥肉换骨头

谓好肉换成差的，吃亏，不甘心。

到嘴的肉让鹰叼跑了

比喻到手的好东西让别人夺走了。

道高一尺，魔高一丈

原为宗教用语。佛家要修行的人警惕外界的诱惑。借指：压迫越深，反抗越烈，有办法对付。

带着铃铛去做贼

比喻要干隐秘的事而自己先声张出去。

得便宜卖乖

指占了便宜，嘴上还不满足。

得理不让人

谓虽然在理，但做得过分。

得了屋子想要炕

形容人得寸进尺的贪心。

得到毛驴当马骑

喻以能力差的人，担任重要任务。

得便宜哈哈笑，不得便宜双脚跳

形容人只能讨便宜，不能吃亏。

灯台不照自己

比喻只看到别人的缺点，看不到自己的弱点。

灯不挑不亮，理不讲不明

意思是道理不经过讲明白，是不会被人所明悟的。

低头不见抬头见

低头干活,抬头看人。谓经常在一起,容易碰到。

地在人种,事在人为

比喻做事要应主观努力。

地里选瓜,越选越差

指东西太多,选择时百般挑剔,最后反而落空,选择了一个差的。

点蜡烛不知油价钱

点蜡烛不用油。谓与己无关,不关心,不了解情况。

吊着老虎须子打秋千

谓抓着老虎胡子打秋千,死到临头还乐,或吃了豹子胆。

爹死娘嫁人,各人顾各人

借指,管不了别人,自己只管自己。

碟大碗小,难免磕着碰着

比喻人性情不同,在一起生活,难免发生纠纷。

丁是丁，卯是卯

甲乙丙丁，子丑寅卯，丁卯同在第四位，但一是天干，一是地支，不能相混。丁卯又与钉铆同音，钉铆错了，也安装不上。谓做事不马虎分得清楚。

顶风臭十里

顶风尚且如此，顺风就更臭了。形容名声极臭。

丢下嘴里的肉，去等河里的鱼

谓放弃有把握的事，而去做没有把握的事。

东边是佛，西边也是佛

谓双方都同样厉害，得罪哪一边都不合适。

东方不亮西方亮

表示尚有选择的空间。

东一榔头，西一棒子

谓说话做事目的不明，计划不周。

冬天的大葱，叶黄根枯心不死

借指人不死心，不服气。

冻死迎风站，饿死不弯腰

形容意志坚定，坚贞不屈。

动物园里的老虎，吃不了人

比喻坏人受到限制，不能为害。

斗大字不识一升

一升为一斗的十分之一。意即识字很少。

豆腐掉到灰堆里

灰吹不掉，豆腐又经不起扒拉。谓无法收拾，无法挽救。

镀金的菩萨不经摔

比喻表面漂亮，而没有实表内容，经不起考验。

肚子疼怨灶王爷

谓自己出了问题，却去埋怨与此无关的人。

端人家碗，受人家管

指依赖谁生活，就要看谁的脸色行事。

断了骨头连着筋

谓比喻关系密切，不能完全割断。

断了线的风筝

比喻一去不返，关系断绝。

对事不对人

谓针对事情讲道理，不是看人行事。

多一事不如少一事

指不管闲事，事情越少越好。意指怕麻烦，不愿负责。

多深的根基，筑多高的墙

原为建筑行业谚语。泛指做事不可离开基础，要量力而行。

多深的泥水也得蹚

比喻不怕困难。

多行不义必自毙

坏事干多了，结果是自己找死。

多一分不要，少一分不让

原为商业谚语。泛指做事干脆不合糊。

多一个铃铛多一声响，多一支蜡烛多一分光

谓多少也算一分力量。

躲了初一，躲不过十五

谓找得到，跑不了。

躲过了大风，遇上了暴雨

谓躲过了一场灾难，又遇上另一场灾难。

躲了一枪，挨了一刀

谓最终也没有逃脱应得的报应。

躲雨跳到河里

谓遇事仓促决定，未考虑后果。

E

恶狗咬人不露齿

比喻人阴险毒辣。

恶狗怕揍，恶人怕斗

比喻对坏人要作斗争，不能退缩。

恶狗难斗肚里蛇

比喻再厉害的人，也难以对付隐藏在内部的对手。

恶人先告状

指坏人往往先诬赖对方。

儿不嫌母丑，狗不嫌家贫

指自家的人不相互嫌弃。

儿大不由娘

指孩子大了，母亲管不住了。

儿女情长，英雄气短

指儿女的温情压倒了英雄志气。

儿孙自有儿孙福

谓儿孙的前程，则他们自己决定，长辈不必过分操心。

儿要自养，谷要自种

指主意要自己拿，事情要自己做。

耳听为虚，眼见为实

亲自听到的还不足为信，只有亲眼看到的才是真实可信的。

耳朵眼里塞鸡毛

意指听不进去话。

耳闻不如眼见

多指眼见到的情况与传说的不一样。

二姑娘带钥匙，当家的不主事

主事：对事情负主要责任；主持事情。指不该掌权的掌权，该掌权的却不掌权。

二虎相斗，必有一伤

喻两强相斗，必有一方失败。

二十天不出鸡，定是坏蛋

坏蛋是孵不出小鸡的。借指坏人。

二十五里骂知县

二十五里：古时距县城二十五里为一县边远地带。指背后批评或责骂所惧怕的人。

二一添作五

原为珠算口诀。借用为均分为两份。

二十六解，就剩最后一解

麻烦的礼节已做完，就差最后一解。谓应坚持到底，避免前功尽弃。

F

发回水，积层泥：经一事，长一智。

比喻经过一事，增长一智。

翻脸不认人

形容记不住人的好处，稍对自己不利就闹翻了。

翻船淹不死拉纤的

拉纤的：指在岸上用绳子拉船前进的人。意思是不会发生违反常理的事情。

反咬一口

原指没抓住动物，反被咬了一口。借指被无理的人诬蔑。

饭店门前摆粥摊

谓抢人生意，抢占别人的利益。

方是真的，药是假的

借指说的真话，做的假事。

房顶开门，灶坑打井

谓不与周围发生关系，自己顾自己。

房顶上掉肉包子

比喻不去劳动，侥幸获得。

防君子不防小人

意即存心要偷或要破坏是防不住的。

放长线钓大鱼

大鱼在深处，故要放长线。喻不要急于求成，时间放长些，以达到更大的目的。

放得高怕猫，放得低怕狗

形容左右为难，犹豫不决。

放屁砸了脚后跟

形容顾虑重重。

放个屁也是香的

形容盲从，认为什么都好，什么都对。

放个屁也要算一卦

形容胆小怕事,谨慎过度。

放虎归山擒虎难

比喻放掉敌人,再要擒获就不容易了。

放下扁担打卖柴的

指富贵以后欺侮昔日的穷朋友。

放着干粮饿肚子

指不会利用现有的条件。

飞过的麻雀也要拔根毛

形容爱占便宜,贪图小利。

肥的瘦的一锅煮

比喻不加区别,一律对待。

肥了骡子瘦小了马

比喻一个人得利,别人吃亏。

肥肉上贴膘，瘦肉上刮油

比喻做事颠倒事理。

肥水不流外人田

比喻好事或便宜不让外人占去。

肥猪躲不过屠夫手

比喻无法逃脱杀身之祸。

费力不讨好，反而被狗咬

指花费了很大的力气，却找来祸害。

费了九牛二虎之力

谓用了极大的力气，精力。

粉往自己脸上搽，灰往别人脸上抹

比喻把成绩归属于自己，错误却归了别人。

粪桶改水桶，臭气还在

意思是指没有从根本上解决问题。

风不刮，树不摇，老鼠不咬空心瓢

比喻事情的发生都有一定的原因。

风里来，雨里去

形容生活工作勤苦。

风吹两面倒

形容没有主见。

风再大吹不倒山

比喻邪恶势力战胜不了正义力量。

疯狗乱咬人

形容坏人胡说八道，陷害好人。

风马牛不相及

风：这里指雌雄相吸引。比喻两者毫不相干。

凤凰落在了鸡窝里

比喻有才能的人与才能一般的人在一起，显得突出。

佛烧一炷香，人争一口气

谓人要有志气。

扶不起来的阿斗

阿斗：三国后主刘禅，虽然得到诸葛亮的辅佐，仍兵败降魏。指不堪扶持的庸才。

扶上墙去抽梯子

比喻怂恿别人出面，却又使人下不来台。

福不双降，祸不单行

谓好事遇到得不多，坏事遇到得不少，着重指接连遇不幸。

斧头再锋利，难削自己的把

比喻能力再强的人也有局限性。

G

该吃九升,不吃一斗

谓做事有个限度,有一言之规。

干柴近不得烈火

只要条件具备,便会产生某种结果。

干打雷不下雨

比喻只是嘴上说,没有实际行动。干,一作"光"。

干得早不如干得巧

强调要巧干,讲效率。

干活不由东,累死也无功

东,东家,雇主。意即干活必须符合东家的目的。

甘蔗没有两头甜

谓不能十全十美,无法兼顾。

赶鸭子上架

鸡上架，鸭不上架。比喻被迫去做不得已的、自己力所不能及的事情。

赶马三年知马性

指通过实践，才能了解事物的特性。

赶早不赶晚

指争取时间，防止意外。

敢走西天路，方能取真经

西天：我国古代佛教徒称为印度。指不畏艰险，才能取得成功。

刚吃几天素，就想成大佛

比喻刚吃了一点苦，就想着能成功。

刚出狼窝，又入虎口

比喻刚脱离危险，又陷入危险的境地。

刚穿上鞋就忘了赤脚的

比喻自己境况好转就不管别人的痛苦。

刚学会剃头，就遇上个络腮胡

络腮胡：长有连着鬓角的胡子的人。指刚着手做事，就遇到大麻烦。

高不成，低不就

指条件苛刻，无法选择能适合自己。别指在选择事物或选择配偶时，好的得不到，差的又不合心意。

高射炮打蚊子

指小事无须采取重大的措施。

胳膊拧不过大腿

比喻地位低或力量弱的人，斗不过地位高或力量强的人。

胳膊肘往外拐

比喻不帮助自己人，反倒帮外人说话或者做事。

胳膊肘总是往里弯

比喻自己人总是帮自己人。

割草打兔子，捎带干的

谓顺便捎带干了一件事。

割猫儿尾，拌猫儿饭

意为割下猫的尾巴，拌食给猫吃。比喻用当事人的钱给当事人办事。也形容一个人吝啬。

隔行如隔山

谓不了解别的部门的情况。

隔行不隔理

谓行业不同，事理一样。

隔着门缝看人，把人给看扁了

借指小瞧人。

各人的梦各人圆

圆梦：对梦进行解释。指自己的愿望自己去实现。

各走各的路，各投各的店

指各干各的，互不干涉。

各人头上一片瓦

意即人都是一样的。也作"各人头上一片天"。

各人自扫门前雪，莫管他人瓦上霜

指只顾自己，不关心别人。

给个棒槌就当针

针：谐音真。比喻别人在敷衍，自己却当真了。

给个鸡毛不嫌轻，给个磨盘不嫌重

形容人呆板，反应迟钝。

给点颜色，就开起了染坊了

谓事情做得过分。

给脸不要脸

指给面子，却不识抬举。

给人家擦屁股

谓别人把事情弄糟，自己去做麻烦的善后工作。

跟着黄鼠狼学偷鸡

指跟什么人，受什么影响，练就什么本领。

跟着屠夫学不成皮匠

谓各有专长，学习要有选择。

跟着讨饭的睡大庙

讨饭的：指乞丐。比喻跟什么人，过什么日子。

功是功，过是过

谓成绩与缺点应分开。

功到自然成

谓功夫到了，自然有成果。

公道不公道，自有天知道

意即没有人讲究公道，也就是不公道。

公鸡下蛋，母鸡打鸣

打鸣：公鸡叫。指不符合常理。也指不可能发生的事。

公鸡不打鸣，太阳照样出

比喻客观规律不以人的意志为转移。

公说公有理,婆说婆有理

意思是谁都说自己有理。

恭敬不如从命

意指不用谦让。

狗备金鞍还是狗

比喻美化掩饰不了低劣的本相。

狗不睡鸡窝,刀不离菜板

比喻事物之间总有着固定不变的关系。

狗改不了吃屎

比喻坏人改不了恶心。

狗上锅台,不识抬举

意指行动过分,不知收敛。

狗多咬不死耗子

比喻人多了就会相互推诿,干不成事。

狗瘦主人羞

比喻手下人不好，做主子的也不光彩。

狗窝里放不住剩馒头

比喻人嘴馋，留不住好吃的东西。

狗掀门帘子，全凭一张嘴

意即光会用嘴说，不去做实际的事。

狗眼看人低

比喻依附、奉承有权势的人，自以为了不起。

狗咬刺猬，下不了嘴

比喻无法下手，无法对付。

狗咬狗，两嘴毛

意指无意义的纠纷，斗争。

狗嘴里吐不出象牙来

比喻坏人说不出好话来。

狗咬穿烂的，人舔穿好的

形容指人的势利。

够不着房檐嫌地矮

指自己能力有限，却埋怨客观条件不好。

顾前不顾后

谓考虑不周道。

鼓不打不响，钟不撞不鸣

比喻事情如果不去做就不会成功。

挂羊头卖狗肉

指假借真货的名义兜售假货。

瓜无滚圆，人无十全

意即没有十全十美的人。

瓜熟了要摘，果熟了要采

比喻一旦条件成熟了，就要抓紧去办。

瓜子不饱暖人心

指礼物虽轻,却情意深厚。

关公放屁,不知道脸红

关公原本是红脸。借指不知羞耻。

关公门前耍大刀

关公为武将。此句意为不自量力,在行家面前卖弄。

关老爷卖豆腐,人硬货不硬

货:借指才能。意为:人的外表不错,但肚子里面没有学问,没有本领。

关门打狗,堵笼子抓鸡

指事情很简单,容易做到。

关门养虎,虎大伤人

指花了很大的代价后,还后患无穷。

观音菩萨不贪财,香火哪里来

观音菩萨:佛教认为是慈悲的化身,救苦救难之神;香火:供佛敬神时点燃的香和灯火。比喻人如果不贪婪,得不到钱财。

观音菩萨也有落难的时候

比喻本事再大的人也会遭受灾难陷入困境。

官不大，僚不小

意即小的领导也犯了僚气。

官不嫌民穷，阎王不嫌鬼瘦

意为百姓再穷，官吏也要敲诈，就如同小鬼再瘦阎王也不嫌弃一样。比喻官吏的贪婪。

官大不压乡邻

指旧时地位高的人，在家乡总还要顾及乡亲的情面。

官船漏，官马瘦，官车不上油

意思是指无人爱惜公共财物。

棺材里伸出手来，死要钱

形容贪婪，只认得钱。

光许愿，不烧香

谓说空话，嘴上答应，不兑现。

光顾烧香，忘了磕头

指办事只顾及了一头，忽视了另一头。

光叫拉犁，不给草吃

指只让干活，不给报酬，或只知道索取，不肯付出。

光开花，不结果

谓做事情表面上好看，实际上没有成果。

光说过五关斩六将，不说走麦城

传说三国时的蜀国大将关羽曾过五关、斩六将，威震一时，但也曾因大意而失守荆州，败走麦城。比喻只表功，回避不足或错误。

光有挑灯的，没有添油的

指只使用、消耗，不保养、填料。

闺女不出门，到老不成人

原指闺女大了必须出嫁。借指年轻人应到社会上去经风雨，见世面。

鬼怕恶人蛇怕棒

指一物降一物。

贵人多忘事

谓高贵的人记不住小事。用于恭维或讽刺。现实多用于开玩笑。

锅里不争碗里争

比喻不去争取大的利益,反倒计较小的利益。

锅小煮不烂牛头

比喻受客观条件的限制,办不成事。

过了河拆桥

比喻事成后就丢开帮助过自己的人。

过了这个村,就没有这个店

比喻不能错过难得的机会。

过年的猪,早晚得杀

指只有死路一条了。

蛤蟆能打鸣，还要公鸡做什么

打鸣：公鸡叫。比喻人不具备某种能力。

海深不怕鱼大

比喻容纳得下，能容人。

海再深有底，树再高有根

比喻事情都有一定的起因。

害人之心不可有，防人之心不可无

意指对人不可轻信。

汗珠掉地摔八瓣

形容干活用力，辛苦。

行家一伸手，就知有没有

形容内行人经验丰富。

好饭不怕晚，好话不嫌慢

意为既是好事，就不怕来得晚。

好茶不怕细品

品：品评。指好东西经得起推敲和检验。

好钢用在刀刃上

比喻把有能力的人用在关键的地方。

好饭不怕晚

指好事情不在乎来得迟。

好狗不挡道，好猫不睡灶

比喻有本事的人的行为不同于常人。

好汉不吃眼前亏

指聪明人能识时务，暂时躲开不利的处境，免得吃亏受辱。

好汉不提当年勇

谓不能提老资格，应该做出新的成绩。

好合不如好散

谓不能在一起共事或生活,也不必变成仇人。

好虎架不住群狼

比喻个人的能力再强也有限。

好话不说二遍

谓不愿意重复已经说过的话。

好话说尽,坏事做绝

指表面花言巧语,实际干尽坏事。

好借好还,再借不难

谓借东西要守信用。

好酒不怕酿,好人不怕讲

比喻好东西能经得起考验。

好了伤疤忘了疼

比喻情况好转后就忘了过去的困难或失败的教训。

好马不吃回头草

比喻有志气的人不走回头路。

好马不怕路不平

比喻坚强的人不怕客观条件恶劣。

好马不一定都能驾辕

驾辕：驾着车辕拉车。比喻本领高强的人也有局限。

好猫不叫，好狗不跳

比喻有作为的人不自我夸耀。

好男不争财产，好女不争嫁衣。

比喻自食其力，不要依靠父母或祖上的遗产生活。

好人难做，白布难穿

谓好人容易遭到坏人的嫉妒、诬陷。

好人死在证人手里

谓好人被诬告而屈死。

好人不长寿，祸害一千年

谓好人易死，坏人却能长寿。这话反映了人们的一种心理状态，惋惜好人的死去，痛恨坏人不死。

好事不出门，坏事传千里

指好事不容易被人知道，坏事却传播得极快。

好事不背人，背人没好事

谓不应背人做事，应光明正大。

好事不过三

意为好意也不宜做多。

好斗的公鸡不长毛

比喻人如果有嗜好，就必有偏废。

好死不如赖活

原意为：活着总比死了强。这是一种怕死的思想。

好问不迷路，好做不受贫

比喻人要善于学习，善于去实践。

好哭的孩子吃奶多

指喜欢叫苦的人能得到更多的照顾或好处。

好心不得好报

一片好心，得不到感激，反而落下了不是。

好心做了驴肝肺

指错误地把别人的好心当作坏意。

耗子还有三分存粮

比喻有长远打算。

耗子扛枪，窝里反

意谓内部起哄。

耗子急了也咬猫

比喻走投无路时，会不顾一切。

耗子尾巴，没多大的油水

比喻得不到多大油水。

耗子钻风箱，两头受气

谓一个人两面不讨好，受夹板气。

喝凉水塞牙缝

意指倒霉透顶。

喝酒三年没钱，不喝酒三年也没钱

意为怎么也省不下，喻指不会节省。

喝酒的向提壶的要钱

指蛮不讲理。

喝醉酒不认酒钱

指对自己做的丑事不认账。

喝了哪家酒，就说哪家话

指得了谁的好处，就帮谁说话办事。

和尚不说鬼，袋里没有米

意指为了生活，迫不得已去做一些违心的事。

和尚好做,五更难熬

更:旧时一夜分五更,每更大约两个小时。和尚做斋要熬通宵。指办什么事都有难处。

和尚无儿孝子多

和尚没有儿子,但信佛孝敬和尚的人多得很。借指有人帮助解决困难。

和尚庙里借梳子

指找错了地方。

和尚庙对着尼姑庵,没事也得有事

指所处的环境容易引起别人的怀疑,说闲话,容易产生麻烦。

和尚缺钱经也卖

经:佛经。比喻不择手段去获得利益。

河里逃出来,掉到井里。

还在水里。谓情况一样,没有改善。

河里的泥鳅,翻不起大浪

比喻力量有限,成不了大事。

河里无鱼，虾就贵

比喻没有杰出的人才，次一等的就显得宝贵。

黑狗偷了油，打了白狗头

谓冤枉，做替罪羊。

黑眼珠见不得白银子

谓见钱就要，形容贪心。

恨不得一巴掌打死

意谓痛恨之极。

恨不得一口吞下去

这句话有时形容喜爱，有时形容痛恨。

恨不得一头撞死

形容心情羞愧、痛苦。

恨不得有条地缝钻进去

形容窘迫，害怕。

恨铁不成钢

比喻对人要求严格,希望对方有出息。

横挑鼻子竖挑眼

形容挑剔得很厉害,一味揭露别人的短处。

红皮萝卜紫皮蒜,仰脸老婆低头汉

前句比喻。谓泼辣的妇女和沉默的男子汉难对付。

红花还得绿叶扶

比喻优秀的人还需要众人的扶持。

喉咙里伸出手来

形容饿极了,想吃东西。

猴子不上杆,得多敲几遍锣

原指耍把戏,借指要多加刺激和鼓励。

猴子手里掉不出干枣来

谓抓得紧,形容吝啬。

猴年马月

谓不知道什么年月,指没有指望。

后脑勺长眼睛

形容人感觉敏锐。

后上船的先上岸

借指后来的讨便宜。

壶里没酒难留客

意指做事力不从心。

狐狸不知道自己尾巴臭

喻无自知之明,不知道自己的缺点。

狐狸做梦也数鸡

比喻坏人改变不了恶习。

狐狸看不到鸡毛,怎能往坑里跳

谓对付狡猾的敌人,需要用计谋智取,引诱他上当。

狐狸再狡猾，也斗不过好猎手

比喻坏人再诡计多端，也总会受到惩罚的。

糊涂庙，糊涂神

比喻内部混乱的责任在上司。也比喻每个人都不明事理。

虎毒不食子

比喻人再狠毒也不会伤害亲生的骨肉。

虎离深山被犬欺

比喻权势大的人一旦失势，就会受到欺负。

虎离山无威，鱼离水难活

谓都有适合自己生存的环境，失去有利条件，即使有能耐也无法发挥。

货到地头不由己

货物堆在地上等待出售，价格就由不得货主决定。比喻身处困境，不得不委曲求全。

虎瘦雄心在

比喻年老体衰或处在艰难困苦中，但雄心壮志没有改变。

花钱买罪受

意谓花了钱反倒遭罪。

画的饼充不了饥

比喻徒有其表,毫无作用。

画鬼容易画人难

指人心难测。

画虎不成反类犬

比喻模仿得不好,反而弄得不伦不类。

画龙画虎难画骨

比喻认识一个人容易,了解一个人的内心却难。

话不投机半句多

谓没有共同的语言,谈不到一块儿去。

话不要说死,路不要走绝

意指情况是变化的,做事要考虑后果,留有余地。

话说千里，不如跨出一步

指空话再多，也不及实干。

话到嘴边留半句

指说话要留有余地。

话经三张嘴，长虫也长腿

长虫：指蛇。意思是不可轻信传言。

换汤不换药

煎药的水换了，但是药方却没有变。比喻名称或形式虽然改变了，内容还是老一套。

黄鼠狼不嫌小鸡瘦

谓不论便宜大小，都想占。

黄鼠狼单咬病鸭子

鸭子有病又被咬，谓遇到双重的不幸，祸不单行。

黄鼠狼给鸡拜年，没安好心

谓伪装友好，别有用心。

黄鼠狼站在鸡窝上，不偷鸡也有嫌疑

谓处于可疑的地位，无法去为自己辩解。

皇上不使病人

谓有病应该休息，不能劳累。

皇上不差饿兵

意思是强调做什么都得先吃饱饭。

皇帝轮流做，明年到我家

封建社会中多次发生改朝换代的事。这句话反映了这种历史变化。意即人人有份，轮着来。

皇帝的女儿不愁嫁

指有身价，不必担心没有去处。

皇天不负有心人

上天不会辜负有恒心的人。

会的不忙，忙的不会

前后两句互相反对。意即会的镇静，不会的就忙乱。

会说的不如会听的

会说的能编造，会听的能发现破绽。意即话说得再好，也能看出用意。

会说的两头瞒，不会说的两头传

两头瞒，说话有选择，不利的不说；两头传，说话不选择，全传达过去，引起不满。意为传话不好。

会说的说自己，不会说的说别人

批评自己获得谅解，指责别人引起反感。谓遇事应多做自我批评。

会偷吃不会抹嘴

借指笨拙，被人抓住把柄。

会拉犁的牛，总有点脾气

喻有本领的人具有独立的意识。

浑身是嘴也说不清

谓受冤枉无法分辨。

活到老学到老，学到八十仍嫌少

意即只要活着，就不能停止学习。强调学习的重要性。

活人不能让尿憋死

谓不可能被这点小事难住,能够动脑筋想出办法。

火车跑得快,全靠车头带

比喻作为领导者的责任重大。

火烧眉毛顾眼前

谓解决眼前的困难。

货比货得扔,人比人得死

意指没法,比也比不了。

货买三家不吃亏

原指购买商品,借指应该挑选挑选。

货卖一张皮

指商品外表很重要,需要下工夫去包装。

豁出一缸小米,怎么也网住一只麻雀

谓下决心不顾一切也要做到底。

J

积财千万,不如薄技在身

意义:积蓄再多的财产,也不如学点技术有用。

击水成波,击石成火,激人成祸

意谓不要激怒对方,要给自己留有余地。

饥不择食,寒不择衣

意谓人在饥饿的时候就不挑选食物的好坏,在寒冷的时候就不讲究衣服的档次样式,能御寒即可。

鸡大飞不过墙,灶灰筑不成墙

意思:一件东西的本质决定它能做什么样的事。

鸡蛋里挑骨头

意思:比喻人有意找茬,想尽办法挑剔毛病。

鸡蛋往石头上面砸

意思:不自量力,不衡量自己的能力去碰撞硬事。

鸡多不下蛋

喻人多如果没有组织,没有分工,反而干不好事。

鸡肥不下蛋

喻条件好有时反而做不出成绩。

鸡叫有早晚,天亮一起亮

谓人们对事物的认识、反应有先后、差别,但事物的规律不变。

鸡毛飞不上天

能力决定成事的大小和状态。

鸡窝里飞出了凤凰

比喻一个人天资聪颖,脱离出生长的环境。

吉人自有天相

指人心地善良总会逢凶化吉。

急火做不出好饭

不是火急就能做出可口香饭。指做事不能急于求成。

急惊风撞着慢郎中

患急病遇到了慢性子的医生。比喻缓慢的行动赶不上紧急的需要。

计划没有变化快

世间发生的事不以人的意志为转移,计划好的事往往也会发生很大的变化。

记吃不记打

借指只想得利,忘了教训。

记性好不如烂笔头

意思是人的记性再好也不如用笔记下更有作用。

既来之,则安之

既:已经;来之:使之来;安之:使之安。原意是既然把他们招抚来,就要把他们安顿下来。后指既然来了,就要在这里安下心来。

既有今日,何必当初

意思:既然现在后悔,当初为什么要那样做。

家丑不可外扬

谓内部的事或矛盾不可让外人知道。

家饭喂野狗，吃完往外走

指在家里吃饭，不为家里做事，不为家庭着想。

家懒外面勤

指人在外勤劳，在家里却什么都不管。

家里是个宝，外面是棵草

指少年在家受宠，在外面懦弱。

家里是条龙，外面是个虫

意思：指只会在家人面前撒泼，在外面没有能力只能低声下气。讽刺懦弱无能的人。

家有千金，不如薄艺在身

意思：家里的储蓄金钱再多，也会花光，不如自己有一样技艺在身上，终是用之不尽。

家有千口，主事一人

原指家有当家的主事，借指人多要有组织领导。

家有三担谷，喘气也就粗

谓有经济做后盾，说话也硬气。

家花没有野花香

喻贪恋妻子之外的女人。

家家有本难念的经

意思：每个家庭都有自己的烦恼，绝不是表面看来那么平淡。

家人说话耳旁风，外人说话金字经

意思：对家人的话不愿意听信，对外人说的话句句如金，分辨不清楚好坏。

家有二斗粮，不当孩子王

孩子王，旧指教师。意指教师不好当，如果不是没办法，一般不会去做。

嫁鸡随鸡，嫁狗随狗

封建礼教认为，女子出嫁后，不论丈夫好坏，都要永远跟从。

捡到篮子里面的就是菜

谓不论好坏，都算数。

见人说人话，见鬼说鬼话

意思：指人的聪明和能言会道，能分不同的场合说不同的话。

见人不施礼，枉跑四十里；见人施一礼，少走十里地

意思：人前没有礼节，做再多事别人也不容易接受。有礼节别人更挂念。说明一种交往的常识。

见水就搅成泥汤

比喻一个人专门使坏，捣乱。

见缝就钻

意思：形容人狡猾、滑头，善于曲意奉承。

见过鬼的怕黑

意指心有余悸。

见水就渴，见饭就饿

意指看见什么就要什么。形容贪心。

见之不取，思之千里

意思：见到时不拿过来，以后再想要就更难办了。

姜还是老的辣

意思：经验丰富的人更有能力和实力。

姜太公钓鱼，愿者上钩

姜太公，即姜子牙。传说他用无饵直钩钓鱼。这是借指心甘情愿。

将军不下马，各自奔前程

意指各人走自己选择的生活道路。

将门无犬子

意思：将门：将、相的家庭。比喻父辈有才能，子孙也不会有庸才俗辈。

江山易改，本性难移

人的本性的改变，比江山的变迁还要难。形容人的本性难以改变。

交人交到鬼，打酒打到水

意指交往到坏朋友，上当受骗了。

交人交心，浇树浇根

意思：做朋友就要互相坦诚，以心换心。就像给树浇水要浇根部才有作用。

浇了一盆冷水

谓热情受到挫折或指头脑变得冷静。

脚踩着刀尖过日子

形容处境非常危险。

脚跑不过雨，嘴强不过理

意思：指再会说话没有理由也是虚假的皮囊。

脚踏两只船

比喻对事物的认识不清而拿不定主意，或为了投机取巧而跟不同的两个方面都保持关系。

脚底下无泥滑不倒人

意思：自身站立的位置决定以后事态的发展。

脚上的泡是自己走的

意思：自己做的什么事，就会有什么样的后果。任何结果都是自己走出来的。

叫得欢的蝈蝈没有肉

意思是喜欢自夸的人一般都没有多大的本领。

叫花子吃剩饭，自讨的

意思：含有谴责意味。多用于人得到惩罚是因为自己做错事。

叫花子夸祖业，自己没出息

意思：嘲讽一些自己没有能力的纨绔子弟，祖业败坏不思进取还在炫耀祖宗的财富。

叫花子起五更，穷忙

穷忙，借指忙得没有意义。

叫天天不应，叫地地不灵

意思：形容人到了一种绝望的境地，没有帮助与支援。

揭不开锅盖

意思：比喻极度贫穷，是一种夸张的说法。

解铃还须系铃人

意思：一件事要圆满还得那个事件的中心人物来解决。

姐姐不嫁，耽搁了妹妹

意思：古时候家有姐妹兄弟，如果大的不成家，按照礼仪小的也不能婚嫁。

今日有酒今朝醉，明天倒灶喝凉水

意思：比喻过一天算一天。也形容人只顾眼前，没有长远打算。

金窝银窝，不如自己的狗窝

意思：别人的家再富贵荣华，也不如自己的家温暖舒心。

金无足赤，人无完人

足赤：足金，纯金。没有纯而又纯的金子。比喻没有十全十美的事物。也比喻不能要求一个人没有一点儿缺点错误。

进了三宝殿，都是烧香人

意思：进了一道门的人，都有自己一些共同的意愿与目的。

近朱者赤，近墨者黑

挨着朱砂的容易变红，挨着墨的容易变黑。比喻接近好人可以使人变好，接近坏人可以使人变坏。指客观环境对人有很大影响。

近水楼台先得月

水边的楼台先得到月光。比喻由于接近某些人或事物而抢先得到某种利益或便利。

经得广，知得多

意思：经历的事物越多，人的经验就越丰富，知识面就越宽。

经一事，长一智

亲身经历了某件事情，就能增长关于这方面的知识。

井里的蛤蟆还爱井

意思：井里的蛤蟆，没见过多大的天空。

井里打水，往河里倒

谓劫贫济富。古语：损不足以奉有余。

井水不犯河水

比喻各管各的，互不相犯。

井越淘，水越清；事越摆，理越明

前句比喻。意谓道理需要事实来证明。

敬酒不吃吃罚酒

指人分不清事态，一味强硬。也用于一些坚持的人，不放弃自己的主张。

久病床前无孝子

生病时间长久，再孝顺的子女也会厌倦，意谓长时间的坚持很难。

九牛二虎之力

形容花费很大的力气。

酒后吐真言

指人在酒后情绪激动而说出心里的真正想法。

酒肉朋友，柴米夫妻

在一起大吃大喝、享受荣华的不一定是真的朋友，一起面对贫困的夫妻才有更真的感情。

酒香不怕巷子深

酒是好酒，哪怕巷子再深也会千里飘香。指人有能力有本事，不怕隐姓埋名也会被人识别。

旧的不去，新的不来

谓新陈代谢是普遍规律，无须留恋旧的。

旧瓶装新酒

指事物的外在不变，但是内容更新。

锯响就有末

末，指木头末子。喻事情一动手，总会留下痕迹。也比喻只要采取行动就会有结果。

锯倒大树捉老鸹

形容做事笨拙，费力却无效。

君子不念旧恶

意思是说不应该记仇。

君子动口不动手

意即要文斗而不要武斗。

君子报仇，十年不晚

有志气的人记着当初的羞辱，以激励自己，等到自己有成就的时候自然一切会有了断。

君子争礼，小人争嘴

文化修养高的争执事物在于道理的公正。文化道德不高的人争执在于一时的气势。

君子报仇三年，小人报仇眼前

有志气的人把一切埋在心里发奋，没志气的人争一时高下。

K

开弓没有回头的箭

意思：一件事已经决定就没有回头的路。

开弓不放箭

意思：指一些事已经拉开架势，但是没有更进一步去做，半途而废。

开空头支票

意思是说话不算数，没有落实承诺。

开水不响，响水不开

比喻有能力的人不用到处叫嚷，没有能力的人只会虚张声势。

砍的没有旋的圆

谓方法不同，效果不同，比不上。

看瓜的让偷瓜的打了

谓有理的让没理的欺骗了，太窝囊。

看人看心，听话听音

看一个人要看人的本质，听人说话要听出话中的意思。

看人下菜碟儿

比喻见机行事，针对不同人的口味来做事。

看人挑担腰不疼

比喻什么事情没有轮到自己的身上，就感受不到其中的苦楚。

靠山吃山，靠水吃水

比喻自己所在的地方有什么条件，就依靠什么条件生活。

靠山山倒，靠水水干

长久依靠一样东西终会有枯竭的一天，不能把希望寄托在外部事物上。

刻薄不赚钱，忠厚不折本

做生意过于刻薄不能得到好人缘，也赚不到很多钱，只是贪得眼前利益。人忠厚热情不一定立刻得到好回报，但是长期有效投资。

嗑瓜子嗑出个臭虫来，什么人都有

与"林子大什么鸟都有同义"。指世界大，什么性格素质的人都有。

客来扫地不算勤

来客人才打扫卫生,不算有勤劳的好习惯。指人的好习惯要从平时养成。

空口说白话

形容只说不实行,或只说而没有事实证明。

孔夫子搬家,尽是书

书,输同音借用。谓总是失败。多用于自嘲。

孔子孟子,当不了谷子

隐意,指读再多的书,也要用在实际生活中变成有用的知识。

口袋里藏不住锥子

谓容易出头,容易显露。

哭不得笑不得

形容一件事情很尴尬。

哭了半天,还不知道是谁死了

比喻没有调查研究,盲目地争论。

裤裆里藏扁担，自己抬自己

用来比喻一个人自己抬高自己的身价。

哭错了坟头

旧时清明有上坟哭亲的习俗。此句打趣人找错了目标。

快刀斩乱麻

事情复杂不定，用最简单的办法迅速了断，免掉麻烦和困惑。

L

拉不出屎来怨茅房

意为自己做不到的事不找自身的原因，反而责怪于周边的环境。

拉完磨杀驴

意为指人过河拆桥，完成事就翻脸不认人。

来得容易去得快

意为来得容易的事物消失和失落也快，指一切长久的甜蜜都要经过艰苦的奋斗。

来得早不如来得巧

意为指到来的事物刻意为之不如机缘巧合。

来而不往非礼也

表示对别人施加于自己的行动将作出反应。

来者不善，善者不来

意指专为作对而来。

来说是非者，定是是非人

意思：爱说他人是非的人，本身就是一个是非中人。

癞蛤蟆鼓肚子：自我膨胀

意思：指人的虚荣自我膨胀，并不一定得到他人的认同，是自我感觉良好。

癞蛤蟆打哈欠，好大的口气

意思：形容人说大话，不切实际。

癞蛤蟆想吃天鹅肉

比喻人没有自知之明，一心想谋取不可能到手的东西。

烂棉花还有塞缝的用处

意思是指一切东西都有一定的作用。

烂船也有三斤铁

意思：比喻不好的东西也有可利用的、不可小看的成分。

狼吃不见，狗吃打出屎来

比喻不同的对待。也指欺软怕硬。

狼上狗不上

形容人心不齐。

狼走千里吃人，狗走千里吃屎

意思：狼走得再远也是肉食动物，狗走得再远也改变不了本性。指人的本性难移。

浪子当家，饿死全家

意思：不学无术的人，给他权利也做不出好的事情。

浪子回头金不换

意思：与"亡羊补牢，未为晚也"同意。指只要人改过自新，就比什么都珍贵。

老和尚的木鱼，天天挨揍

意谓人下贱，该打。

老虎不嫌黄羊瘦

谓不论便宜大小，都想去占。

老虎还有打盹儿的时候

意思：指人都有犯错马虎的时候，不能要求一个人做事事无巨细都完全完美。

老虎屁股摸不得

意思：指对方的势力很大，轻易不要去触怒。

老虎嘴里拔牙

意思是说所做的事情非常危险。很难完成。

老虎嘴里讨肉吃

谓做事不看对象，自找倒霉。

老鸡不上灶，小鸡不乱跳

意为小鸡是跟随着老鸡的行动。用在人上形容小孩最容易学习大人的品行。

老马过河，不看准了不下脚

意思：老马有经验，看准确了路才行走。指人做事富有经验，没有把握就不做。

老马识路数，老人通世故

意思：马行出经验识得回家的路，人活到一定年纪精通世间的规律。

老将出马，一个顶俩

有经验有能力的人做事，可以解决很多实际问题，抵得上两个没能力的人。

老牛拉破车

各方面条件都不好,形容境况很窘迫。

老鼠认为猫厉害

一物克一物,每样事物都怕自己的克星。

老鼠给猫拜年,大过年的找死

不识时务,误打误撞,最终为愚昧付出代价。

老鼠眼睛一尺光

形容一些人的眼界不开,看事情不能深远。

老而不死是为贼

意谓"老贼"的意思,用来责骂老而无德行者的话。

老天爷有眼

谓善恶到头终有报,多用于事情圆满后的说辞。

老天爷饿不死瞎家雀儿

谓世间总有活路。与"船到桥头自然直"曲意同功。

老太太的嘴，吃软不吃硬

用来比喻一些人的性格，爱听好话奉承。

老鹰捉小鸡，一个愁一个喜

意思：指一件事从两种不同的角度看，得到不同的结论。

老鹰叼斧头，云里雾里砍

云里雾里砍，指胡吹胡论。谓胡说八道，瞎说一气。

姥姥不疼，舅舅不爱

姥姥疼自己的孙子甚于外孙，舅舅爱自己的儿子甚于外甥。借指没有关系亲近的人，没有人关心。

老头吃糖，越扯越长

谓老年人吃糖，糖黏稠越拉越长，形容人说话没有逻辑，越说越不对路。

老头要请，小孩要哄

谓对年纪大的人要恭敬，对小孩子要好言哄夸。指做事要讲究方式方法。

老王卖瓜，自卖自夸

谓自己夸自己的东西好。

累死没人买棺材

谓白忙，没有人感谢。

雷声大，雨点小

形容做事情口号喊得很响，但是实际行动很少。

冷手抓不住热馒头

冷手兼指生手。谓不熟悉情况，不容易得手。做不好事情。

冷天不冻下力汉，黄土不亏勤劳人

谓天再冷只要劳动就觉得温暖，黄土再贫瘠只要耕种就有收获。说明只有劳动才让人有出路。

篱笆牢了犬不入

篱笆编得结实，狗就钻不进来。比喻自己品行端正，坏人就无法勾引。

立着放债，跪着讨钱

说明借债和讨债的两种状态。说明了"借钱容易要钱难"这种现象。

脸丑不能怪镜子

谓在责备前要认识清楚事情的本末与因果，不能盲目论断。

脸红脖子粗

用于形容人在争执时的身体状态。

脸皮壮，吃得胖

人不要尊严，会得到一些实惠。

良心叫狗吃了

谓形容一个人心狠手辣，不得人心。

量小非君子，无毒不丈夫

谓真正大志气的人绝对不是小肚鸡肠，干大事的人有时候为了达到目的而不择手段。

林子大了，什么鸟都有

比喻世界很复杂，什么奇怪的人和事物都有。

临死拉个垫背的

谓连累别人，或不能饶恕仇人。

临到砍柴丢了刀

谓在做紧要事的时候，却丢失了重要的工具。

临上轿现扎耳朵眼

指到了要成事的紧要关头才开始准备。

临时抱佛脚

原意为年老信佛,以求保佑,有临渴掘井之意。后指平时无准备而事急时仓促张罗为"临时抱佛脚"。

留得青山在,不怕没柴烧

比喻只要基础或根本还存在,暂时遭受损失或挫折无伤大体。常用来安慰那些受到挫折的人。

漏盆里洗澡,快活不了多长时间

借指好光景不会长久。

路遥知马力,日久见人心

走的路长才知道马力的好坏,相处的时间长了才知道人心的善与恶。

罗锅上山,前(钱)紧

罗锅指驼背的人。爬山时同,前头接地近,故说前紧,钱,前同音借用。借喻经济上不宽裕。

落水的麻绳,先松后紧

麻绳落水后发胀紧。借指要求越来越严。

驴唇不对马嘴

形容两件事物不搭边。

驴驾辕，马拉套

各自有各自的方式与方法。

驴粪球，外面光

喻人修饰外表，内心却很糟。

萝卜白菜，各有所爱

形容人各有志，爱好不同，差异难免。

萝卜拔快了不洗泥

谓来不及应付，降低了质量。

落水顾命，上岸顾财

谓人掉在水里关心的是命，人命保住了关心财产的损失。形容贪心不足。

落在鬼手里，不怕见阎王

借指人已经到一种地步，就不怕遇到更糟糕的环境。

M

麻秆打狼两头怕

谓争斗的双方都心怀恐惧，有顾虑。

麻雀虽小，五脏俱全

形容一件事虽然规模小，但是应该有的东西齐备。比喻事物体积或规模虽小，具备的内容却很齐全。

麻绳拴豆腐，提不起来

谓提不起，借指不配提拔。

马好不在叫，人美不在貌

谓马好在于脚力，人的美好在于心灵，而不在于外貌。

马前不磕头，马后去作揖

指人喜欢总结教训，但是不善于吸取教训，好了疮疤忘了疼，总是在重复。

蚂蚁戴眼镜，自以为面子大

指没有自己正确的定位，不清楚自己的位置，只会闹笑话。

蚂蚱打喷嚏，满嘴的庄稼味

指没有文化，说话土气。

骂人不带脏字

指责骂人用一种很巧妙的方式。

骂人不用打草稿

形容人的泼辣和骂人的流利。

买个牛带了个犊

形容运气好，得了便宜。

买豆腐花了肉价钱

指上当受骗，所购买的物品和价格差距过大。

买卖不成仁义在

意为虽然生意没有做成，但是朋友感情还是存在。

买得起马配不起鞍

马鞍要比马便宜。借指不会花钱。

卖狗皮膏药

旧社会有些走江湖的卖药,吹嘘药的功效,以求出售。此句借指说假话,或耍贫嘴。

卖瓜的不说瓜苦,卖酒的不说酒稀

指做生意的都不会说自己卖的东西的坏话。

卖啥吆喝啥

指做什么生意说什么话。

卖了儿子招女婿

有儿子不必招女婿,谓做事没有必要,不划算。

盲人骑瞎马

谓主客观条件都非常不利,面临危险。

猫哭老鼠假慈悲

喻伪装好人,假仁假义。

猫拨琵琶,乱弹琴

乱弹琴,借指胡来、瞎干。

猫急了上树，兔急了咬人

谓逼得过分，就会引起反抗。

猫哭老鼠，假慈悲

指人做了坏事还要假装伤悲。

猫养的狗不亲

意为谁生的子女谁心疼。

猫一天狗一天

意为一天像猫一样温和，一天像狗一样凶暴。形容性情多变。

茅坑里的石头，又臭又硬

意思：石头在茅坑里，沾染臭气。多用于比喻某人的个性倔强固执。

门前有个讨饭棍，骨肉至亲不上门

谓人如果穷，连亲戚也不来串门拜访。

每日省一钱，三年并一千

意为教导人节约要从小事做起。

没病死不了人

谓没有什么大不了的问题，不会引起严重后果。

没吃过猪肉，还没见过猪走

指人见过世面，很多东西不一定要亲自经历，凭借经验能够总结出来。

没吃到羊肉，惹一身的臊

指一个人要做某件事没成功，反而搞个声名狼藉。

没有不散的宴席

形容人的离合聚散都有一定的定数，不是人的意志可以决定。

没有不透风的墙

指只要是密谋做的事情，自以为捂得很严实，但总会透露出去。

没有过不去的山

借指没有克服不了的困难，一切事情都能解决。

没有会不着的亲家

意为总有一天会见面。

没有家贼引不来外鬼

谓出了事情总有一定的原因。家贼,指内部人。

没有金刚钻,不揽瓷器活

指人有了本事就敢于从事相应的工作。

没有锯不倒的树,没有敲不响的钟

指一切事都能做成功,多用于激励人。

没有卖后悔药的

指做过的事再后悔也无法挽回。只有在事前认真考虑。

没有四两铁,哪敢打大刀

指人能从事某件事情,都有自己一定的专业能力。

没有弯弯肚,不吞弯把镰

指做事有条件,有把握。

眉毛胡子一把抓

形容人做事糊涂,一团乱七八糟。

名师出高徒

高明的师傅一定能教出技艺高的徒弟。比喻学识丰富的人对于培养人才的重要。

明人不做暗事

心地光明的人不做鬼鬼祟祟的事。比喻有意见当面提出，不在背后捣鬼。

明白人不做糊涂事

理智明晰的人不会做出糊涂愚昧的事情。

明保曹操，暗保刘备

三国时刘备与曹操对立，关羽在曹操手下待过。借指以某人为幌子，内心另有打算。

明枪易躲，暗箭难防

比喻公开的攻击容易躲避，暗地里的攻击难以防备。

庙小装不下大菩萨

谓受到限制，发挥不了作用，屈才。

磨刀不误砍柴工

磨刀花费时间,但不耽误砍柴。比喻事先做好充分准备,就能使工作加快。

磨坊里的驴,听喝

拉碾的驴,常罩上眼睛,听吆唤行动,意为做不了主,听人家的。

摸不到坟头乱磕头

谓没有办法,乱求人。

谋事在人,成事在天

事情的策划在于人,但是事情的成败还有天时地利因素。

N

拿得起,放得下

指人做事情敢于做,更敢于承担后果。

拿着金碗要饭吃

谓自己身边有好的资源不懂得利用,而落魄不堪。

哪个坟头没有屈死的鬼

谓不可能绝对公平合理,吃亏受委屈是常有的事。

哪壶不开提哪壶

形容人说话不分清楚场合,在不适合的地方提及不应该说的事。

哪里摔了跤,知道哪里路滑

说明人的经验积累,在哪个地方跌倒,就会在哪个地方吸取教训。

男也懒,女也懒,下雨落雪翻白眼

谓人要是不勤劳工作只有受冻挨饿。

脑袋别在腰带上

谓冒着极大的风险,准备掉脑袋。

脑袋破了用扇子扇

谓遇到危难处之泰然,不在乎,不怕。

能大能小是条龙,只大不小是条虫

指能屈能伸的人才能成大事,只知道占强势头而不服输的人最终成不了气候。

你对人无情,人对你薄意

说明人与人之间的感情都是相互的,只有对别人关怀,才能得到别人的爱护。

泥大佛也大

佛大不过是泥多。谓"大"是虚假的,是人为的,没有什么了不起。

鸟贵有翼,人贵有志

鸟儿重要的在于有翅膀,人最重要的是有志气。

鸟多不怕鹰,人多把山平

指人多力量大。

鸟往明处飞，人往高处去

形容人的发展都是向着好的方向。

鸟惜羽毛虎惜皮，为人处世惜脸皮。

鸟儿珍惜自己的羽毛，老虎珍惜它的皮，人立足世界重要的是要有良好的口碑。

念完了经打和尚

谓事情成功后，迫害有功的人。

宁穿十年破，不挨一顿饿

说明人宁愿穿得破旧点，但是不能让肚子饿，保护身体健康是最重要的事。

宁打金钟一下，不打破鼓千声。

谓费点力气一次解决问题，不拖泥带水。

宁给好汉拉马，不给赖汉做爷

说明人要和品行优良者相处，才能互相有正面的影响。

宁可做过，不可错过

意为面对机会的时候要勇于尝试，就算失败也至少学习到经验。

宁为鸡头，不为牛尾

比喻宁在范围小的地方自主，不愿在范围大的地方听人支配。

宁养一条龙，不养十个熊

谓要懂得重视人才。

宁走十步远，不走一步险

说明人做事哪怕多花费心血，也比贪图简便做错好。

宁为玉碎，不为瓦全

宁做玉器被打碎，不做瓦器而保全。比喻宁愿为正义事业牺牲，不愿丧失气节，苟且偷生。

牛不喝水强按头

比喻用强迫手段使就范。

牛不知角弯，马不知脸长

喻人看不到自己的缺点。

牛打江山马坐殿

喻奋斗得来的成果，别人坐享其成。

牛角越长越弯，财主越大越贪

形容人的发展状态，对欲望的追求是越来越大。

牛耕田，马吃豆

一个干活，一个享受，谓不公平。

牛头不对马嘴

形容两件事差别巨大。

牛无力拖横耙，人无理说横话

比喻人没有道理说出来的话也是蛮横的，不能让人信服。

女大十八变

女子到了一定年纪，心理和生理会发生一系列的变化。

O

藕断连着丝

意思：现在多用来形容人与人的关系表面是断裂的，但是实际上还有密切来往。

藕发莲生，必定有根

喻事情的发生总是有原因的。

P

爬得高，跌得重

爬高，多指追求个人地位。谓追求个人的地位，必然要失败。爬得越高，失败得越惨。

怕什么有什么

意为害怕什么东西往往什么东西就会来，说明逃避不是办法。

旁观者清，当局者迷

自己身在事件当中，往往看不清楚事情的真相，会被迷惑。旁人站在外面，更能明了一切。

朋友千个好，冤家一个多

指朋友多了路好走，敌人多了往往会造成很大的损失。

跑了和尚跑不了庙

谓做了坏事，人可以逃跑，但是总有找到他的办法。

赔钱嫁女儿

谓花了钱却办了一件对自己有损的事，一点好处没捞到。

碰了一鼻子灰

形容遭遇到尴尬的事情。

捧着金饭碗要饭

比喻拥有良好的客观条件却不能解决生产、生活问题。

皮笑肉不笑

形容一个人的表情,表面开心但是实际不高兴。

便宜没好货,好货不便宜

说明一分钱值一分货,物品的质量和价格是成正比的。

瓶口扎得住,人口扎不住

指人的流言一说出就不容易收回。

平时不烧香,临时抱佛腿

原比喻平时不往来,遇有急难才去恳求。后多指平时没有准备,临时慌忙应付。

平时肯帮人,急时有人帮

意思:说明人与人之间相互的关系是互相扶持帮助。

平时多打井，天旱不求神

谓要做好准备，采取预防措施。

破罐子破摔

意思：指人在经历一些打击后颓废厌世，不再积极进取。

破家值万贯

家里的东西虽然破旧，但都是经过日积月累长期置下的。如果一下子舍弃，要想再重置起来，很破费钱。

破庙不好招和尚

谓地方不好，没有好人。

Q

七百年谷子八百年糠

指一些事物或者事情是多年的陈年旧账,不值一提。

七大姑八大姨

泛指亲戚女眷。

七个当家,八个做主

意即一个人一个主意,无人做主。

七个人八条心

谓人多心不齐。

妻贤夫祸少

妻子贤惠可以让丈夫做事更得心应手,意即有个好妻子是很必要的。

棋逢对手,将遇良材

谓优秀的人遇到优秀的人,双方配合很好。

骑驴的不知道赶脚的苦

谓不是自己亲自感受的东西，无法体会别人的痛苦与辛酸。

骑在虎背不怕虎

谓人到了一定境地就不怕相应的危险与环境。

骑马坐船三分险

谓凡事都要担一点风险。

乞丐跟龙王比宝

谓指双方实力悬殊，不自量力。

起个大早，赶个晚集

谓做了充分准备，仍然没有赶上。多指因故迟到。

起早了得罪丈夫，起晚了得罪公婆

形容很多时候人做事都会面对一些两难的决策。

千靠万靠，不如自靠

谓不管是做事还是做人，依靠别人都不如依靠自己。

千口唾沫淹死人

形容流言蜚语的巨大伤害力。

千锤打锣,一锤定音

谓凡事要有一个基准,一个决定者。

千里之堤,溃于蚁穴

堤:堤坝;溃:崩溃;蚁穴:蚂蚁洞。一个小小的蚂蚁洞,可以使千里长堤溃决。比喻小事不慎将酿成大祸。

千里之行,始于足下

走一千里路,是从迈第一步开始的。比喻事情的成功,是从小到大逐渐积累起来的。

千金难买一口气

谓活着不应轻易死去。

千学不如一看,千看不如一练

意思:再怎么学习不如直接看别人操作,再怎么看也要靠自己练习有实际的经验。

牵着不走，打着倒退

指像驴一样，不接受引导。

牵到市场丢了牛

谓事情将要办成时起了变化，计划落空。

前不着村，后不着店

谓赶路中行进到比较荒凉的地方，没有着落。

前留三步好走，后留三步好退

讲的是关于处事的道理，指人无论何时都要给自己留下一些进退的余地，才不会被逼到绝路。

前门拒虎，后门进狼

比喻赶走了一个敌人，又来了一个敌人。

前怕狼后怕虎

形容做事胆小，顾虑太多。

前人栽树，后人乘凉

多用于形容上辈人做下的好事，会荫护到后辈。

前面追着麻雀，后面丢了母鸡

与"猴子捡芝麻丢西瓜"雷同，指做事贪心，一样东西未确定就妄想得到另外一样。

钱是用的，水是流的

说明对金钱的态度，不要吝啬小气，该用的时候就要花费。

枪打出头鸟

在事件中领头的人物往往成为攻击的对象。

墙倒众人推，鼓破乱人捶

一个人的失败或家族破落，在势力选择面前，更多人选择落井下石。

强盗沿街走，无赃不定罪

盗贼因为心虚沿着街边走不引起众人的注意，没搜找到赃物不好定罪。

强宾不压主

谓富人再强，终究只是富人，不能失礼。

强将手下无弱兵

英勇的将领部下没有软弱无能的士兵。比喻好的领导能带出一支好的队伍。

强龙压不过地头蛇

比喻有能耐的人也难对付盘踞当地的恶势力。

强扭的瓜不甜

谓违背自然意愿强迫别人做的事情,始终得不到好的结果与满意的答案。

墙内开花墙外香

喻好事情自己没有意识到,不承认,外面人知道了,大加赞扬。

墙头上睡觉,翻不过身来

指人进入一种逼仄的境地,活动规划不方便。

墙头草,随风倒

多用来形容人善于阿谀奉承,没有自己的主张与见解。

墙头上跑马,回不了头

形容一些事开始做就没有回头的路,必须前进。

巧妇难为无米之炊

有再好的手艺,也要靠工具和材料才能完成。人做事也要有各方面齐全的基础。

亲妈也有偏心的时候

言外之意,别的事更难做到绝对公平。

秦桧也有三个好朋友

说明每个人都有自己的圈子,都有与自己同类的人。

清水茅坑,三天香

比喻面子上做文章,不会长久。

清官难断家务事

家庭的争执和生活,别人无法轻易判断是非,只有自己才更清楚。再公正的官吏也很难论断家庭纠纷的是非曲直。指家庭内部的事,外人很难搞清楚。

情人眼里出西施

在相恋的人眼中,自己的情人就是最美丽的,有感情就会觉得美。这是一种心理状态。

请将不如激将

请将,将是被动的;激将,能激起他的主动要求。原指下达作战任务,也适用于分配工作。

请神容易送神难

这句话反映了这样一种情况，请人来帮忙，以后打发不掉，受他要挟。

求人不如求己

依靠别人，还不如依靠自己更可靠。

穷有穷愁，富有富愁

说明不同地位阶层的人都有自己的苦恼。

穷站街头无人问，富居深山有远亲

谓人在贫穷的时候没人愿意关心，在富裕的状态下就是隐居也有人趋炎附势。

泉水挑不干，知识学不完

形容学习之路是没有尽头的。

拳头向外打，胳膊往里弯

说明人的亲戚之间是互相帮助的。

拳头上跑马

放不开步，转不开身子，谓没有施展回旋的余地。

R

染缸里拿不出白布来

说明在什么环境下就会熏陶出什么样的对象。

让路不是痴汉，躲路不是呆人

说明在适当的时候，人要懂得谦让和回避。

让人家当枪使

谓被人利用来攻击别人。

惹不起还躲不起

劝导人在某些时候要懂得回避危险，保全自己。

人爱富的，狗咬穷的。

形容一个人的势利。

人比人得死，货比货得扔

劝导人不要攀比，一山更比一山高。

人不该死总有救

谓人还没到绝路总有希望。

人不可貌相，海水不可斗量

不可以凭借人的外貌来推断一个人的品质与能力，人的潜能就像海水一样深不可测。

人不伤心不落泪

谓人不轻易流泪，心情实在痛苦才流泪。

人不在大小，树不在高低

有志气的人不在于年纪大小，终有成事的时候，能成材的树不在于高低，而在于生命力。

人打江山狗坐殿

用来讽刺人坐享其成。

人呆得住，嘴呆不住

意谓人要吃饭，不吃饭不行。

人到四十五，正是出山虎

谓四十五岁，人正当壮年，应有作为。

人多出正理，谷多出好米

多人在一起商议更有助于事情的解决。

人过留名，雁过留声

人活一世总要做些事情来证明自己的存在。

人急投亲，鸟急投林

人在走投无路时还是要依靠亲人，就像鸟儿在遇到危险的时候飞回林子寻找保护。

人靠自修，树靠人修

人要成材主要靠自己用功，而树木却要靠人的修剪。

人靠心好，树靠根牢

人活在世上要良心好，品行端正才能长久生存，就像树木靠扎实的根打下基础一样。

人挪活，树挪死

人在静止不前的状态下要闯荡才有活路。

人怕出名，猪怕壮

人太出名了会招来麻烦，也指人为了保住名位而变得保守。

人怕没理，狗怕夹尾

后句比喻。谓人没理要遭到大家反对，会失败。

人怕齐心，虎怕成群

人齐心，力量是可怕的；虎成群，力量是可怕的，意即团结就是力量。

人凭志气，虎凭威势

人活着想要成功凭借的是志气，老虎凭借的是威风。

人怕没志，树怕没皮

人如果缺少志气，就没有前进的动力。就像树没有皮，就缺少生存的条件一样。

人情比纸薄

在现实的金钱与权利面前，人的感情比纸张还薄弱。

人穷朋友少，衣破虱子多

后句反衬。谓人穷时，帮助的人少，欺侮的人多。

人穷志不穷

意为教导人不能因为目前的贫穷，而失去志气与人格。

人穷志短，马瘦毛长

人因为目前的贫穷会使自己的做人态度受到局限。

人去不中留

意指人一定要走，去意已定，再怎么留也是要走。

人善被人欺，马善被人骑

指人都有一种欺负软弱的劣根性，烈马更不容易被人驯服。

人是铁，饭是钢

意为人的意志再坚强，人再能干，还是要吃饭，吃饭是一切的前提。

人死如灯灭

灯灭不能自己再亮，谓人死不能复生。

人往高处走，水往低处流

指人的发展总是从低到高，水的流向总是从高到低。

人心不足蛇吞象

指人的欲望膨胀。

人心隔肚皮

人的心思是最难以猜测与透析,表面说的与做的可能完全不同。

人心换人心,八两换半斤

指人的情感本质都是互相关怀的。

人心齐,泰山移

人只要齐心协力就能办成看起来不可能的事情。

人往大处看,鸟往高处飞

人的目光和目标总是向远处展望,鸟儿总是向高处飞翔。

人一走,茶就凉

表示一般的来往,没有什么密切的关系。

人有恒心万事成,人无恒心万事崩

谓只要对一件事有持之以恒的决心,就能铁棒磨成针。人没有恒心是什么事也做不成功,总是功倍事半。

人有脸,树有皮

树有皮包着,喻人应该有脸,有羞耻心,尊重自己。

人有人言，兽有兽语

谓人用语言表达思想感情，动物也能用声音表达其意。也指好人之间有共同语言，坏人之间也有共同语言。

人有失手，马有失蹄

人都有做错事的时候，就像马也会失足。

人有生死，物有损坏

指万事万物的发展都有生老病死，没有东西能够避免。

人有四百病，医有八百方

意即人的毛病有办法医治。

人有薄厚，水有深浅

指人各有不同，就像水有深有浅。

人在福中不知福

指生活在幸福中都不知道，或不满足。

任拆十座庙，不破一门婚

谓不应该破坏人家的婚姻。

S

三分教七分练

谓学习一件技艺老师传授三分,更多的是靠自己的刻苦练习。

三分像人,七分像鬼

指一个人的精神状态不佳导致外表的萎靡不振。

三个饱一个倒

吃三顿饭,睡一夜好觉。谓过舒心日子,又指什么事也不干。

三个臭皮匠,顶个诸葛亮

此处借指由众人出力想办法,比一个聪明人自己拿主意更周全有成效。

三句话不离本行

谓说话离不开自己所干的工作。指受行业局限,或只关心本位工作。

三斤半的老母鸡,不是一把米养成的

万事万物都有一个过程,不是一口就能吃成胖子。

三年不上门，当亲也不亲

谓亲戚朋友之间也应常来常往，否则关系就冷淡了。

三年清知府，十万雪花银

指在朝政腐败的年代，做三年的官，就家有万贯。

三十六计走为上

在无法处理和解决的时候，及时抽身以更好地规避风险。

三岁小孩都知道

形容一件事很简单，小孩子也知道对错是非。

三岁孩子买棺材，早做准备

谓提前做准备，又指准备得过早。

三天打鱼，两天晒网

多形容一个人做事不努力，三三两两，松松垮垮。

杀鸡给猴看

谓惩罚一些人用以提醒警告另外一些人。

杀鸡焉用宰牛刀

形容一个人的能力大,不用去干一些小事。

杀人偿命,欠债还钱

做过的事总会有相应的报应与代价。

杀人杀个死,救人救到底

前后两句互相反衬,指做事要彻底,强调的是后一句,谓救人要救到底,不能半途而废。

杀了一只虎,留下一只狼

喻除恶未尽,留下后患。

傻子过年看隔壁

谓不明白,不知道就模仿别人。

山不转水转

比喻情况总是在变化的,一时不顺利也不必懊恼和悲观。

山高皇帝远

谓地区偏远,管辖不到。

山高遮不住太阳

谓真实情况不会被掩盖。

山高有顶，水深有底，路长有头

谓事情无论多大，总有限度，总可以弄清楚。

山中无老虎，猴子称大王

借指当头领的不是凭借本领高，而是因为没有好的。

伤筋动骨一百天

意思是骨骼受伤，外表的伤好了，内部的伤至少也要三个月才能恢复。

上不着天，下不着地

没有着落，没有依靠。

上吊也得找棵大树

干什么事都要有选择。

上赶着不是买卖

意为主动去帮助他人，他人反倒不领情。

他念他的经，我拜我的佛

各人做自己的事，互相不干预。

踏破铁鞋无觅处，得来全不费工夫

花费心机得不到，却在不经意间得到，比喻机缘巧合成就事。

太岁头上动土

太岁原是种生物，迷信中说动了它头上的土不吉利。比喻不看形势，得罪不该惹的人。

太阳从西边出来

破例的事或不可能的事，让人不敢相信或出人意料。

台上三分钟，台下十年功

原指精彩的舞台表演需要长期艰苦的排练，也泛指各方面的成果都要靠艰辛的训练、准备才能取得。

贪多嚼不烂

比喻做事不看自己能力，一味贪更大成就，而什么都做不好。

贪小便宜吃大亏

做事不看长远,只看眼前利益,终要吃亏。

唐朝的话,到宋朝才说

该说的时候没把握时机,等过了再说无意义。

逃不出如来佛手

绝对的权利,没办法反抗。

踢人一脚,需防一拳

意思是说,损害了别人的利益,要遭到报复。

剃头挑子一头热

旧时在街头理发的担子,有一头是小火炉。一头热,借指单方面的热情,多指单相思。

天不生无用之人,地不长无名之草

每个人都有自己的作用与能力,就像一根小草也有自己的名字一样。

天打五雷轰

比喻做了违背道德的事,遭受到天谴,是迷信夸张的说法。

天大的官司，地大的银子

意指摊多大的事，就得花多大的钱。

天高皇帝远

是说在离权利中心较远的地方，皇帝也无法管理。

天机不可泄露

机密事情，两人或以上私自谋定的事不对外人讲。

天生一对，地就一双

谓两个人相配再适合没有了，就像天然的一样。

天上无云不下雨，世间无理事不成

下雨的前提是天要有云，成事的前提是要有成功的道理，比喻任何事都有一个规律。

天塌大家死，地陷有矬子

天塌先砸高个子，地陷先埋矮个子。不论发生什么灾难，总不会先临到自己头上，尽管放心。

天塌下来有地接着

谓不管遇到多大困难，也能解决。

天天打雁，倒叫雁叨了眼睛

指有经验的人，一时疏忽，发生意外不幸。

天王老子都不怕

意即不论是谁都不怕。

天无二日，人无二理

意指天下同一个道理。

天无绝人之路

与"吉人天相"同意，指事情总会有转机。

天无一月雨，人无一世穷

雨不会连续下一个月，人不会一生都贫穷。指世事都是一个过程，不会一种状态维持永远。

天凭日月，人凭良心

意思是为人处世要讲道理。

天下乌鸦一般黑

比喻一种类型的事物或人都有相似的品质。

瓦罐不离井上破

过去用瓦罐在井里打水,瓦罐只要打水早晚要碰破。意思是说早晚总要出事,不可避免。

歪嘴的和尚念不好经

借指没有能力,做不好事情。

碗大勺有准

碗有多大,能用勺子计算出来。借指情况能弄清楚。

万变不离其宗

比喻事情的表面不管怎么变化,但是它的规律是不会变化,掌握事情的内在规律就可以事半功倍。

万事俱备,只欠东风

引自《三国演义》,诸葛亮与周瑜火烧曹操战船,一切准备就绪,就等东风。比喻事情就欠一样条件即可以完成。

万句言语吃不饱，一捧流水能解渴

指在实际做事中，说万句语言比不上一个实际的步骤，只有实干才能解决问题。

王子犯法，与民同罪

意思是任何人都不得超越法律的约束。

忘了自己是吃几碗饭的

比喻做事不自量力，没认真思考过自己的能力。

忘了自己姓什么

讽刺一个人得意忘形，忘记自己姓名。夸张手法。

喂不熟的白眼狼

指对一个人好，对方却不知道感恩。

唯恐天下不乱

谓无事生非，制造混乱。

为人不见面，见面去一半

指人的虚名大于其实际，见了面也就不认为原来所想象的那么出众。

尾巴翘到天上去了

自以为了不起，形容一个人骄傲自满的状态。

未进山门，就想当方丈

形容人官迷，一心想当官。

乌鸦笑猪黑

意谓没有自知之明，讥笑别人与自身相同的缺点。

屋漏又遭连夜雨

指遭遇悲惨的事故又遇到接连的打击，倒霉的事情遇到一起了。

无风不起浪

浪花的起伏是要有风的推动。指事情发生是有前因的。

无官一身轻

意谓不管事就不承担责任，不用烦心了。常用来自我安慰或安慰别人。

无理辩三分

明知自己不占理，也要找借口为自己辩护。

稀泥抹不上墙

指没有什么用处，或起不到什么作用。

习惯成自然

意思是适应了就不会觉得束缚，也就习以为常了。

戏法变得再好也是假的

意指戏法表面的花样再缭人眼目，始终是假的。比喻一个人的表面掩盖不了本质的恶劣。

戏法人人会变，各有巧妙不同

谓各有各的做法，方法不同。

瞎猫碰上死耗子

指一件事为凑巧完成，机遇巧合。

瞎子点灯，白费蜡

借指浪费，没有必要。

先小人，后君子

多用于做生意时的谈判，先做好一切法律和防范准备，然后按照合同行事。

先来的吃肉，后来的喝汤

谓占先的得便宜。

鲜花插在牛粪上

谓不得其遇。多用于婚姻中女子嫁给了不好的丈夫。

县官不如现管

官大不一定管得着，现管着的人得听他的，更厉害。

香的不香，臭的不臭

形容好坏不分。

想一出，是一出

封建时代有钱有势的人，把戏班叫到家里唱戏，戏目由他们决定，叫点戏。他们想点哪一出，就演哪一出，引申为没有准谱，一会儿一个主意。

响鼓不需重锤

意思：好鼓不用使劲捶打声音也大。指一个人的自觉能力，别人稍微一提醒就能领悟。

小不忍则乱大谋

意思：小事不忍耐就会坏了大事。比喻一个人要成大事，必须要忍受眼前的苦恼服从大局，放眼未来。

小车不倒只管推

谓只要人活着，就要一直向前进。

小和尚念经，有口无心

借指话说得不利，并不恶意。

小胡同赶猪，直来直去

指说话直截了当，做事干脆。

小孩嘴里无假话

指小孩未经世事，思想没有复杂成分，言语可信赖。

小笼子关不住大鸟

比喻人才始终不会困在一个小地方。

小心没大错

多比喻做事的时候,仔细、小心,就算有失误也不会有大错。

小心不怕多

谓小心谨慎没有坏处,可以不出大错。

小时偷针,大了偷金

意思:指人的劣根性在小时候养成,哪怕小时候是小错,如果不改正,长大就会犯更大的错。

鞋湿不怕蹚水

意为既然已经做了,就无所顾忌了。

泄了气的皮球

比喻人没有了底气。

新官上任三把火

三把火,用三把柴火烧出来的热量。谓新上任,有点热情,但不会持续很久。

新婚不如久别

谓夫妻久别后重逢,感到更加甜蜜。

Y

哑巴拜年，多磕头，少说话

借指安分守己，少惹麻烦。

哑巴打官司，有口难言

借指有话说不清，没法说。

哑巴拾黄金，说不出来的快活

借指难以形容的高兴。

盐在哪里也咸，醋在哪里也酸

谓不管到什么地方也不会改变性质。

盐多了咸，话多了烦

调味的盐加多了咸，话说多了让人厌烦。主要指说话不要啰唆、重复，让人没有耐心。

阎王催命不催食

意即无论怎样，也不能不让吃饭。

阎王老婆怀孕，一肚子鬼胎

比喻一个人的良心败坏，脑袋里想不出来好点子。

阎王好见，小鬼难缠

谓帮凶反倒难以对付。

眼不见，心不烦

谓眼睛看不见，也就不去操心。

眼不见为净

比喻只要没有看见或不在眼前，也就不会为之操心或烦恼。

眼大肚皮小

想吃的东西多，但是肚子却装不下。比喻做事不切合自身能力，贪大贪多。

眼睛里揉不进沙子

眼睛为不能进沙子的器官。比喻一个人爱憎分明。

眼睛一眨，老母鸡变鸭

谓变化迅速，一时弄不明原因。

羊毛出在羊身上

比喻表面上给了人家好处,但实际上这好处已附加在人家付出的代价里。

羊群里丢了羊群里找

借指事情不会出了这个范围。

羊群里拣骆驼,挑大的说

骆驼高大,借指拣重要的事情说。

养兵千日,用兵一时

原指旧时军队,供养时间长,用到的时间短。借指平常待遇优厚,到了关键时刻,应该发挥作用。

摇头不算点头算

指要明确表示自己的态度。

要饭也得找对了门

谓做什么事也得看好时机。

要想人不知,除非己莫为

要想别人不知道自己做的事,除非自己不做。指一切事情都会明了。

要用是宝，不用是草

谓要用就当做宝贝，不用就不重视。

要着没有打着有

谓请求不行，得来硬的，强迫才行。

要知父母恩，怀里抱儿孙

要到自己生育下一代的时候，才知道父母的艰辛和恩情。

夜猫子进宅，无事不来

谓既然来了必有麻烦事。

一锤子买卖

只做一次生意。多指价钱贵，货色次，服务态度不好，顾客不愿再来。

一报还一报

指人怎样虐待别人，别人也会怎样报复他。

一不做，二不休

谓要么不做，要做就做到底。

一步错，步步错

谓开始做错，影响深远，难于改正。

一步跟不上，步步跟不上

谓落后一步，老是要追赶，陷于被动。

一朝被蛇咬，十年怕井绳

井绳似蛇。此句表示教训深，忘不了。又指神经过敏，心有余悸。

一朝权在手，便把令来行

意为有权有势，就能发号施令。

一分钱一分货

谓货物与价钱相当。引申为不含糊，不吃亏。

一竿子插到底

谓一次完成，彻底完成，多指国家或组织推行政令或措施，把精神一下传达到基层。

一个巴掌拍不响

谓发生纠纷，双方都有责任。又表示没有配合，力量孤单。

一个鼻孔出气

指持相同的见解，站在同一立场。

一个槽不能拴俩叫驴

叫驴，公驴。有两个就要咬架。喻两股势力不能共存。

一个唱红脸，一个唱白脸

戏曲中角色有不同的脸谱，红脸多为武将，性格强硬，白脸多为文官，性格奸诈。借指分别采取软硬两种手段。

一个和尚挑水吃，一个和尚抬水吃，三个和尚没水吃

来自一个典故。比喻人再多但是如果不齐心协力也办不成事情。

一个朋友一条路，一个冤家一堵墙

多一个朋友就多一条通顺道路，多一个敌人就多一道阻挡前进的墙。

一个将军一个令

谓各有各的主张和规矩。

一个萝卜一个坑

比喻没有虚心，实在。又指一个人定一个岗位。

一个女婿半个儿

谓女婿虽不及儿子,但也顶半个儿子,关系还是亲近的。

一只羊是赶,十只羊也放

放十只羊也用一个人。谓集中起来,可以节省人力,提高效率。

一根肠子通到底

意为只会说直话。

一根线拴两个蚂蚱

谓互相牵制,谁也跑不了。

一根线,容易断;千根线,能拉纤

指群体的力量能够干更多的事,齐心协力拧成一股绳,力量翻倍。

一会儿猫脸,一会儿狗脸

指人的态度变化不定。

一家人不说两家话

谓自己人不应该客气。

Z

宰相肚里能撑船

宰相借指地位高威望重的人。能撑船,形容其肚量如江湖海洋。现用于赞扬人的气量大,风格高。

在家千日好,出门一时难

在家里一切都很方便,出门在外很小的事情也很麻烦。前后反衬,谓在外生活不便。

在家靠父母,出外靠朋友

在家的时候有父母打点一切,出门在外靠的就是朋友,前后对比,谓在外要靠朋友帮助。

在人屋檐下,怎能不低头

目前处于困境,只能委屈面对。

在哪摔跤,在哪爬起来

是在哪个地方跌倒,就在哪个地方再起来。比如做事在哪个点失败,就在哪点重新再来。

早上不知晚上事

谓情况易变，难以预知。

早知今日，何必当初

指当初所做，现在看来不对。

贼人怕贼偷

谓坏人以坏的心猜测别人。

站着说话不嫌腰疼

比喻不是设身处地地为另一方考虑，最终只是空口套话。

张果老骑驴，往后看

传说张果老为八仙之一，他倒骑毛驴。借指以后如何，看以后的表现。

张三有马不会骑，李四会骑没有马

谓有条件的没能力，有能力的没条件，主客观条件不一致，做事力不从心。

照方子抓药

处方上的药，不能随便更换。谓严格执行。